聚焦先进理论方法、突破性科研成果、
前沿关键技术、典型工程应用，
记录中国高速铁路建设技术的发展历程。

"十四五"时期国家重点出版物出版专项规划项目

高速铁路
先进建造技术丛书

寒区高速铁路
路基冻胀机理及处治技术

FROST HEAVE MECHANISM AND TREATMENT TECHNOLOGY OF HIGH-SPEED RAILWAY SUBGRADE IN COLD AREA

叶阳升　杜晓燕　张千里／编著

人民交通出版社
北京

内 容 提 要

本书针对季节性冻土地区路基冻胀对高速铁路平顺性的影响，根据相关工程实践经验，深入研究了寒区高速铁路路基冻胀机理，着重分析了微冻胀填料的冻胀特点、结构特性以及微观冻胀规律，全面揭示了微冻胀填料的冻胀发育机制，系统阐明了微冻胀填料冻胀过程中填充料冻胀与骨架颗粒的相互作用关系，建立了微冻胀填料冻胀变形分析模型，基于能量最低原理，推导了微冻胀填料的冻胀计算公式。综合考虑填充料含量、冻前含水率、微冻胀填料密度、微冻胀填料骨架密度、微冻胀填料初始填充率、外荷载以及填充料黏聚力与内摩擦角等指标，建立了微冻胀填料冻胀敏感性分析评价方法，对高速铁路路基冻胀性进行综合性评价。系统提出了高速铁路基床表层填料选择步骤与级配碎石级配确定流程，给出了严寒地区高速铁路路基微冻胀填料的应用建议，并结合典型工程实践介绍了综合技术处治措施的应用效果。

本书可供从事寒区高速铁路勘察设计、施工管理的工程技术人员学习参考，也可供从事寒区铁路工程研究、教学的相关专业人员参考。

图书在版编目（CIP）数据

寒区高速铁路路基冻胀机理及处治技术／叶阳升，杜晓燕，张千里编著. —— 北京：人民交通出版社股份有限公司，2025.2. —— ISBN 978-7-114-20144-8

Ⅰ．U213.1

中国国家版本馆 CIP 数据核字第 2025FH4711 号

Hanqu Gaosu Tielu Luji Dongzhang Jili ji Chuzhi Jishu
书　名：寒区高速铁路路基冻胀机理及处治技术
著 作 者：叶阳升　杜晓燕　张千里
责任编辑：张　晓　李学会
责任校对：赵媛媛　刘　璇
责任印制：张　凯
出版发行：人民交通出版社
地　　址：（100011）北京市朝阳区安定门外外馆斜街 3 号
网　　址：http://www.ccpcl.com.cn
销售电话：(010)85285857
总 经 销：人民交通出版社发行部
经　　销：各地新华书店
印　　刷：北京印匠彩色印刷有限公司
开　　本：787×1092　1/16
印　　张：12
字　　数：288 千
版　　次：2025 年 2 月　第 1 版
印　　次：2025 年 2 月　第 1 次印刷
书　　号：ISBN 978-7-114-20144-8
定　　价：92.00 元

（有印刷、装订质量问题的图书，由本社负责调换）

PREFACE 前言

高速铁路对线路的平顺性提出了极其严格的要求,路基的微小变形都将导致不良的影响。严寒地区高速铁路路基的冻胀变形影响线路的平顺性和乘车舒适度以及结构的耐久性,严重的甚至影响列车的行驶安全。而针对传统结构的不冻胀土及相关工程研究已不能适应高速铁路的要求。因此,研究微冻胀填料的冻胀性问题对于严寒地区高速铁路建设及运营维护具有重要意义。

本书针对季节性冻土地区路基冻胀对高速铁路平顺性的影响问题,基于填充料冻胀与粗颗粒骨架的相互作用开展微冻胀填料的冻胀性研究。通过分析微冻胀填料的冻胀特点和结构特性,揭示微冻胀填料的冻胀发育机制,构建了微冻胀填料冻胀过程中填充料冻胀与骨架颗粒的相互作用关系,建立了微冻胀填料冻胀变形分析模型和微冻胀填料的冻胀计算公式,提出了微冻胀填料的冻胀性评价与试验方法,给出了路基防冻胀的相关工程建议。本书介绍了严寒地区高速铁路路基冻胀相关研究及工程应用实践,成果可为我国寒区高速铁路路基的设计及建设提供参考。

全书共分 7 章:第 1 章论述了目前冻土区高速铁路冻胀问题,以及冻胀机理研究的重要性,概述了路基填料冻胀机理、粗粒土冻胀特性、冻胀模型、冻胀规律、冻胀分类、路基冻胀防治措施在国内外的研究进展及涉及的科学问题;第 2 章介绍了典型微冻胀填料土性试验,分析了微冻胀填料组成、结构特征与冻胀特点;第 3 章讲述了热力学分析过程及数值计算原理,研究了微冻胀填料物理力学参数,对微冻胀填料冻胀模型内外部约束规律进行了分析;第 4 章研究了微冻胀填料冻胀成因及孔隙特征,揭示了微冻胀填料冻胀发育及作用机制;第 5 章根据微冻胀填料完全填充理论模型与不完全填充模型,建立了微冻胀填料冻胀模型,分析了填充料及填料的持水状况;第6章建立了微冻胀填料冻胀敏感性分析评价方法;第7章介绍了高速铁路工程案例及应用效果。

本书由叶阳升研究员总策划并组织撰写、统稿把关,主要撰写人员包括叶阳升研究员、杜晓燕副研究员、张千里研究员、蔡德钩研究员、闫宏业研究员、方雨菲副研究员等。本书在撰写过程中,引用了中国铁道科学研究院集团有限公司相关科研项目的研究成果、国内外同行和参考文献中的部分研究成果,在此深表感谢!另外,在撰写过程中得到中国铁道科学研究院集团有限公司周镜院士、马伟斌研究员等的指导,并得到了国家自然科学基金重点资助项目"季节性冻融环境下高铁路基服役性能演化规律与孕灾风险评估理论"(41731288)的资助,在此一并致以最诚挚的谢意!特别感谢人民交通出版社股份有限公司为本书出版付出的努力!

鉴于作者水平有限,本书不当之处在所难免,敬请读者不吝赐教,以利改正。

作　者

2024年10月

CONTENTS 目录

寒区高速铁路路基冻胀机理及处治技术

第 1 章 绪论 ·· 001
  1.1 冻土区高速铁路冻胀问题 ················· 002
  1.2 铁路路基冻胀研究综述 ····················· 005
  1.3 本书主要内容 ····································· 031

第 2 章 微冻胀填料冻胀特点研究 ··············· 033
  2.1 高速铁路路基填料冻胀特点 ············· 034
  2.2 典型微冻胀填料土性试验 ················· 036
  2.3 微冻胀填料结构特征与冻胀特点分析 ····· 051
  2.4 微冻胀填料组成与冻胀特点分析 ····· 056
  2.5 本章小结 ··· 059

第 3 章 微冻胀填料冻胀微观冻胀规律研究 ····· 061
  3.1 热力学分析 ··· 062
  3.2 微冻胀填料物理力学参数研究 ········· 071
  3.3 微冻胀填料外部约束研究 ················· 076
  3.4 微冻胀填料内部约束研究 ················· 086
  3.5 本章小结 ··· 097

第 4 章 微冻胀填料冻胀成因及孔隙特征分析 ····· 099
  4.1 微冻胀填料铁路路基冻胀成因分析 ····· 100
  4.2 微冻胀填料孔隙特征分析 ················· 101

4.3 填充料冻胀发育机制 ·· 104
4.4 微冻胀填料冻胀作用机制 ······································ 109
4.5 本章小结 ··· 119

第 5 章 微冻胀填料冻胀模型 ··· 121

5.1 微冻胀填料完全填充情况分析 ······························ 122
5.2 微冻胀填料不完全填充情况分析 ··························· 125
5.3 微冻胀填料冻胀模型建立 ····································· 130
5.4 微冻胀填料冻胀模型验证 ····································· 132
5.5 本章小结 ··· 133

第 6 章 微冻胀填料冻胀评价与试验方法 ························ 135

6.1 微冻胀填料冻胀评价原则 ····································· 136
6.2 既有铁路路基填料冻胀性评价方法 ······················· 137
6.3 微冻胀填料冻胀性评价方法建议与试验方法 ·········· 140
6.4 本章小结 ··· 141

第 7 章 工程案例及应用效果 ··· 143

7.1 路基冻胀控制技术难点及设计原则 ······················· 144
7.2 哈大高速铁路路基防冻胀设计 ······························ 146
7.3 哈齐高速铁路路基防冻胀设计 ······························ 156
7.4 沈丹高速铁路路基防冻胀设计 ······························ 164

参考文献 ··· 175

FROST HEAVE MECHANISM AND
TREATMENT TECHNOLOGY OF
HIGH-SPEED RAILWAY SUBGRADE IN COLD AREA

第 1 章

绪　　论

1.1 冻土区高速铁路冻胀问题

自1825年世界上第一条铁路在英国建成并投入使用以来,铁路运输一直是各国交通运输的主导力量。1964年,日本建成了世界上第一条高速铁路,其最高运行速度达210km/h,并取得了明显的社会效益和经济效益,开创了高速铁路的新纪元,而今高速铁路以速度高、能耗低、污染小等突出特点已成为全球交通发展的趋势。

在世界高速铁路发展的同时,我国高速铁路经过10多年的快速发展,正逐渐形成世界上最大规模以及最高运营速度的高速铁路网。高速铁路网覆盖了我国广大地区,包括广泛分布着冻土的东北、西北及华北地区,尤其是东北部地区,环境非常严酷,冬季温度最低在零下40℃左右,土壤最大冻结深度超过2.0m,属于典型的季节性冻土环境。

相比普速铁路,高速铁路的主要特点是速度快、舒适、安全。为保证高速铁路运输的特点,以及线路与轨道结构的稳定性与平顺性,依赖于给轨道结构提供稳定性与耐久性高、刚度和强度大、纵向变化均匀的路基与基床结构。普速线路的路基通常按强度控制设计,而高速铁路的路基则按变形控制作为设计主控因素。因为在强度破坏前,大多已不满足变形控制要求。对于有砟轨道高速铁路路基沉降要求小于或等于50mm,过渡段小于或等于30mm。对于无砟轨道高速铁路路基结构,我国高速铁路对路基工后沉降与不均匀沉降都有严格的要求。

高速铁路路基除对沉降有严格要求之外,还需要满足轨道结构对基础提出的动静态条件下的高平顺性要求。轨道结构几何尺寸、形状及空间位置相对于正常状态的偏差,即直线轨道对轨道中心线位置和高度、宽度正确尺寸的偏差,曲线轨道偏离正确的曲线中心线位置或正确的超高、轨距及顺坡变化数值,通称为轨道不平顺。它是引起列车振动与轮轨作用力增大的主要原因之一,会影响旅客乘坐的舒适度,严重时会导致列车的脱轨系数增加,是轨道方面直接影响列车安全运营与行车速度的主要因素。轨道几何尺寸始终处于不断变化中,需要定期保养维修,一般轨道静态管理有作业验收、经常保养、临时修补和限速管理等,各级轨道静态几何尺寸允许偏差管理值见表1-1。线路动态不平顺是指在列车运行过程中,因轨道结构变形(如钢轨磨损、轨枕状态不良等)、道床状态变化(道床板结、下沉等)以及路基不均匀沉降等因素,致使轨道在高低、轨向、水平、扭曲等方面呈现出的不平顺状态。国家铁路局于2014年10月发布了《轨道几何状态动态检测及评定》(TB/T 3355—2014),以确保高速列车的舒适性和轨道结构的平顺性。高速铁路轨道几何状态局部峰值动态管理标准见表1-2。

线路轨道静态几何尺寸允许偏差管理值(250~350km/h)　　表1-1

项目	作业验收	经常保养	临时修补	限速200km/h
轨距(mm)	+1,-1	+4,-2	+5,-3	+6,-4
高低(mm)	2	4	7	8
水平(mm)	1	4	6	7
轨向(mm)	2	4	5	6
三角坑(mm)	2	3	5	6

注:高低指轨道沿钢轨长度方向在垂向的凸凹不平,是轨道在竖向上相对理想轨形的偏差。

高速铁路轨道几何状态局部峰值动态管理标准(250~350km/h)　　表1-2

项目		动态验收管理值		动态运营管理值			
偏差等级		验收Ⅰ级	验收Ⅱ级	Ⅰ级	Ⅱ级	Ⅲ级	Ⅳ级限速200km/h
42m波长	高低(mm)	3	5	5	6	8	10
	轨向(mm)	3	4	4	5	6	7
120m波长	高低(mm)	5	7	7	9	12	15
	轨向(mm)	5	6	6	8	10	12
轨距(mm)		+3,-2	+4,-3	+4,-3	+6,-4	+7,-5	+8,-6
轨距变化率(基长3m)(‰)		0.8	1.0	1.0	1.2	—	—
水平(mm)		3	5	5	6	7	8
复合不平顺(mm)		—	—	6	8	—	—
三角坑(基长3m)(mm)		3	4	4	6	7	8
车体垂直加速度(m/s²)		—	1.0	1.0	1.5	2.0	2.5
车体水平加速度(m/s²)		—	0.6	0.6	0.9	1.5	2.0

　　由于高速铁路轨道对不平顺性有严格标准,使得高速铁路路基填料比普速铁路要求更高:在上部轨道与路基结构的自重荷载以及列车荷载作用下可长期稳定;压缩变形可较快完成;填料的力学特性不易受水、温度、地震等其他因素影响发生不利于路基结构稳定的变化,即填料压缩性小,压实施工容易,列车在荷载、降雨、地震等外力作用下能保持稳定,另外还须有适当的弹性。

　　列车在高速运行状态下对路基的变形响应非常敏感,路基冻胀会影响铁路的平顺性和乘坐舒适度,严重时甚至会影响列车的行驶安全,极大增加了铁路工务部门线路维护的工作量。季节性冻土路基防冻胀是众多问题中最为基础、最为核心的问题之一。而季节性冻土区高速铁路路基大都以级配碎石作为基床表层,表层以下采用A、B组填料的粗粒土,A组填料指细粒含量小于15%的填料,B组填料指细粒含量在15%~30%之间的填料。由于粗粒土过去在冻土界认为是微冻胀或者不冻胀土,本书将此类高速铁路路基填料称作微冻胀填料。

与非冻土区高速铁路相比,冻土区高速铁路路基变形更是不容忽视的问题。冻土一般是指温度在0℃或0℃以下并含有冰的各种岩土和土壤,作为一种低温环境下存在的特殊土,其性质受外界气候环境影响显著,在冻融过程中土体物理力学性质会发生显著变化,出现冻融变形、强度降低、松胀等,会影响其上部建(构)筑物的稳定性、耐久性,严重时甚至会导致灾变。我国的国土中约有215万 km^2 为冻土,冻土面积居世界第三,仅次于俄罗斯和加拿大,为美国冻土面积的1.5倍。其中多年冻土面积占国土面积的22.4%,占世界多年冻土总面积的10%。相对于其他国家,我国的多年冻土主要分布在中低纬度的青藏高原地区。季节冻土遍布在不连续多年冻土的外围地区,主要分布于北纬30°以北地区。此界以南,一般无冻土。目前我国东北地区已修建和在建的哈大、盘营、哈齐、沈丹、长珲等高速铁路,虽然针对沿线气候特点采用了适合严寒地区高速铁路的路基结构形式并采取了一系列防冻胀措施,但这些线路在建设和运营期间均出现了一定程度的冻融变形。寒区冬季气温降低,路基冻结水分积聚成冰引起路基冻胀,春季积聚的冰晶体融化,路基土体处于饱和状态,承载力随之下降,在列车重复荷载作用下易发生下沉、翻浆冒泥等现象,降低线路的平顺性,给列车安全运营带来极大危害,对养护维修提出了更高的要求。

以我国第一条在寒区设计修建的哈大高速铁路为例,沿线区域冬季寒冷且漫长,最冷的月份平均气温为 -17.5 ~ -13.5℃,极端低温为 -36.6℃,沿线冻土深度由南至北为1.48 ~ 2.05m,每年10月底开始冻结,次年5月至6月融化结束。哈大高速铁路轨道结构全线铺设无砟轨道(图1-1),路基工后沉降允许值不大于15mm,要求极为严格,路桥、路涵等过渡段工后沉降允许值不大于5mm,折角不大于1/1000,可见路基最大冻胀量不应超过5mm。哈大高速铁路全线共设置42个典型路基冻胀变形监测断面,根据2012年和2013年水准监测统计结果(图1-2),哈大高速铁路路基冻胀变形大于5mm的路基长度约占四成,全线最大平均冻胀变形为34.2mm。哈大高速铁路2012年冬季至2013年春季Ⅰ、Ⅱ级超限情况如图1-3所示。由图可知,哈大高速铁路路基冻胀量无法满足高速铁路按设计速度运营时的轨道平顺性要求,即高速铁路路基不均匀冻胀变形超出了轨道不平顺要求的控制标准限值,影响了乘车舒适性,甚至出现了冬季限速运行的情况,降低了高速铁路的运营效率。

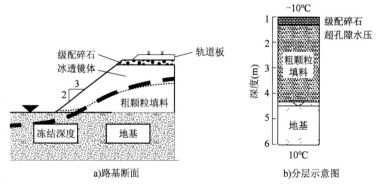

图1-1 哈大高速铁路典型路基断面与分层示意图

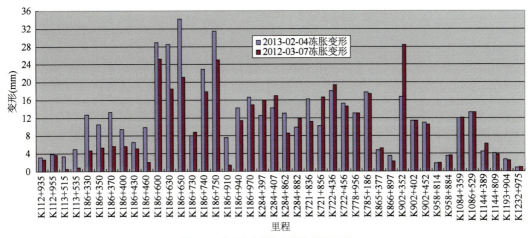

图 1-2　哈大高速铁路冻胀变形柱状图

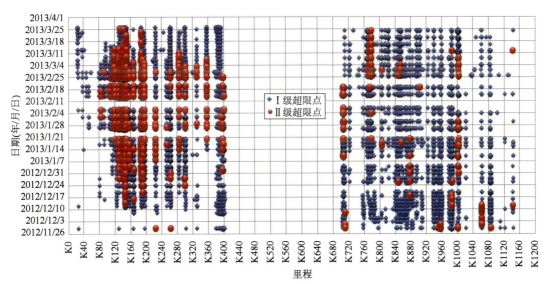

图 1-3　哈大高速铁路Ⅰ、Ⅱ级超限情况

1.2　铁路路基冻胀研究综述

1.2.1　冻胀分类研究

为评价地基土的冻胀对工程造成的危害,许多涉及冻土的国家和地区开展了土的冻胀分类及特性研究,如挪威、瑞士、加拿大、美国北部、日本、德国、法国等都较早地提出了土的冻胀敏感性判别界限,苏联从研究的角度将土的冻结与外界条件相结合,提出了土的冻胀性等级分

类标准。由于土的冻胀影响因素的复杂性,判别界限差别较大,也反映了特定区域的气候和水文条件对冻胀结果影响的随机性。20世纪80年代初,我国建工、水利和铁路等部门在"季节性冻土分类"的研究中取得了较多的成果,以冻胀对建筑物的破坏程度划分出冻胀等级,制定了相应的"季节性冻土的冻胀性分类"国家规范,这些分类规范基本是为建筑物的冻土地基服务的。对于铁路路基填土的冻胀分类,仍局限于土的冻胀敏感性判别。

1)国外土的冻胀性分类

(1)以颗粒组成判别土的冻胀性

表1-3为国外粗粒土以单一的粒径小于0.074mm的颗粒含量为指标进行冻胀敏感性分类的情况。表1-4为以颗粒粒组和其他评价指标进行冻胀敏感性分类的情况。其中细粒土用塑性指数或用液限划分冻胀性。

国外不同区域土的冻胀性分类(1) 表1-3

国家及地区	通过下列孔径筛孔的含量(%)			
	0.10mm	0.074mm	0.063mm	冻胀类别
挪威		<15		冻胀
美国新罕布什尔州		<10		不冻胀
		10~20		轻度冻胀
		25~35		冻胀
		>35		强冻胀
美国华盛顿州		>10		冻胀
美国威斯康星州		>5		冻胀
加拿大那佛斯科的亚		<10		不冻胀
		10~30		微冻胀
		>30		冻胀
加拿大纽芬兰		<6		不冻胀
		6~20		中等冻胀
		>12		强冻胀
波兰		<5		不冻胀
德国			≤8	无冻胀
			8~15	轻微冻胀
			15~25	中等冻胀
			25~40	强冻胀

第1章 绪论

国外不同区域土的冻胀性分类(2)　　表 1-4

国家及地区	通过下列孔径筛孔的含量(%)				其他条件	冻胀类别
	0.10mm	0.05mm	0.074mm	0.02mm		
日本			<9		砾石	不冻胀
			<15		碎石	不冻胀
			<6		砂	不冻胀
			<20		火山灰	不冻胀
荷兰		<5			有机质含量<3%	冻胀
瑞士				<3	砾	轻度冻胀
				3~10	砾	轻~中度冻胀
				10~20	砾	中度冻胀
				>20	砂	轻~中度冻胀
				3~15	砂	中度冻胀
				>15	粉土	强冻胀
				—	细粒土	强冻胀
加拿大				<36	$I_p>11$	不冻胀
加拿大安大略省				<40	砂含量<45%	不冻胀
				<40	黏土 $I_p=0$	轻~中度冻胀
				40~50	有45%~60%的砂及粉土	严重冻胀
美国俄亥俄州				>50	路基土 $I_p<10$	有冻害
				>15	地基土材料	冻胀
美国俄勒冈州				<10	砂含量<25%	不冻胀
				<8	砂含量<30%	不冻胀
美国犹他州				>25	细砂及粉砂	冻胀
美国纽约州					$I_p\leqslant 3$	不冻胀
挪威	<25					不冻胀
		<20				不冻胀
匈牙利	<25					不冻胀

注:I_p 为土的塑性指数。

从表可以看出,各个地区对冻胀和不冻胀的划分界限比较离散,但对粒径小于0.074mm的颗粒含量小于5%时为不冻胀土、粒径小于0.074mm的颗粒含量小于10%~15%时基本为不冻胀土的认识是比较统一的。

(2)以粒径分布图判别土的冻胀性

以土的粒径尺寸分布划分土的冻胀敏感性如图1-4~图1-6所示,该方法考虑了土的不同粒径组合可能发生的冻胀程度。

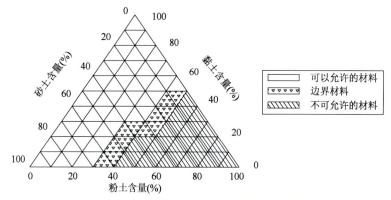

图1-4 加拿大安大略省公路部门冻结敏感性图

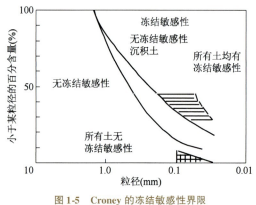

图1-5 Croney 的冻结敏感性界限

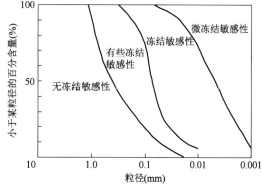

图1-6 加拿大交通部门冻胀敏感性分类

(3)以土性综合指标进行冻胀分级

①苏联冻胀分类法

苏联1974年国家建筑标准中列出了土的冻胀性分类标准,采用了土的稠度和地下水埋深两项指标,将黏性土的冻胀性分成不冻胀土、弱冻胀土、中等冻胀土、强冻胀土四个等级,使用时只需满足二者之一即可。

B.O.奥尔洛夫提出以含水率和冻胀模数 m 划分黏性土的冻胀等级,见表1-5。其中含水率用土的冻前含水率与它的塑限大小进行对比,冻胀模数 m 是考虑了土的重度、液限、塑限、冬季平均气温和冻前含水率的综合指标,相当于我国的冻胀率 η。这一分类方法对我国的冻胀分类影响非常大,我国的"季节性冻土的冻胀性分级"均是以此模式研究的结果。

B.O.奥尔洛夫冻胀分类法　　　　表1-5

分类界限含水率(以黏性土为主)(%)	冻胀模数 m	冻胀等级
$< w_p$	$m < 1$	潜冻胀
$w_p \sim w_p + 7(\pm 2)$	$1 < m < 3.5$	微冻胀
$w_p + 7(\pm 2) \sim w_p + 14(\pm 2)$	$3.5 < m < 7$	中等冻胀
$w_p + 14(\pm 2) \sim w_p + 35(\pm 5)$	$7.0 < m < 12$	强冻胀
$> w_p + 35(\pm 5)$	> 12	最强冻胀

注：w_p 为塑限(%)。

② 美军工程航道实验站冻结敏感性分类

美军工程航道实验站的冻胀分类见表1-6，表中粗粒土按细粒的含量和级配进行冻胀性分类、细粒土按塑性指数和液限进行冻胀性分类，认为砾、砂的细粒含量<5%时不会冻胀，细粒含量在5%~15%时为轻微到中等冻胀。

美军工程航道实验站冻结敏感性分类　　　　表1-6

土的类别	统一分类	冻胀的可能性
砾石、砂(细粒含量<5%)	级配良好(或级配不良)的砾石(或砂)	无~甚微
砾石(细粒占5%~15%)	含黏土(或粉土)的砾	轻微~中等
砂(细粒占5%~15%)	含黏土(或粉土)的砂	轻微~强
粉土	高液限粉土、低液限粉土	中等~很强
黏土 $I_L > 50$	高液限黏土	中等
黏土 $I_L < 50$	低液限黏土	中等~强
泥炭		轻微

注：I_L 为液性指数。

③ 法国冻胀敏感性分类

法国规范规定粗粒组与细粒组的界限粒径为0.08mm，细粒含量超过35%即为细粒土，其中土的冻胀敏感性分类见表1-7，当粗粒土中粒径小于或等于0.08mm的颗粒含量不足5%时，认为土不冻胀，含量为5%~12%时冻胀较轻，含量为12%~35%时冻胀较重，细粒土以塑性指数 I_p 进行冻害敏感性分级。

法国路基填料冻胀评价　　　　表1-7

土的类别			冻害敏感性级别
砂土、砾	$D < 50$mm,细粒5%~35%	细粒5%~12%	轻
		细粒12%~35%	重
粗粒混合土	$D > 50$mm,细粒5%~35%	细粒10%~20%	轻
岩石类	细粒<5%	$D < 50$mm	无
		50mm $< D < 250$mm	
		$D > 250$mm	

注：D 为颗粒粒径。

④德国冻胀敏感性分类

德国规范中,粗粒组与细粒组界限粒径为 0.06mm,当粗粒土中粒径小于或等于 0.06mm 的含量小于 5% 时,认为土体不冻胀,含量为 5%～15% 时为中等到中等偏大,含量为 15%～40% 时变为很大。对土的冻胀敏感性分类见表 1-8。

德国粗粒土路基填料冻胀评价(1997 年)　　　　表 1-8

土的类别	粒径质量份额		土名	组名	抗冻性
	≤0.06mm	≤2mm			
粗粒土	5%	≤60%	砾石	颗粒级配紧密砾石	可忽略
				颗粒级配分散砾石	可忽略
				颗粒级配混合砾石	可忽略
		>60%	砂	颗粒级配紧密砂	可忽略
				颗粒级配分散砂	可忽略
				颗粒级配混合砂	可忽略
混合颗粒土	5%～40%	≤60%	砾石-粉砂	粉砂性砾石(≤细粒含量为 5%～15%)	中等偏大
			混合物	粉砂性强的砾石(≤细粒含量为 15%～40%)	很大
			砾石-黏土	黏土性砾石(≤细粒含量为 15%)	中等偏大
			混合物	黏土性强砾石(≤细粒含量为 15%～40%)	很大
		>60%	砂-粉砂	粉砂性砂(≤细粒含量为 5%～15%)	中等
			混合物	粉砂性强砂(≤细粒含量为 15%～40%)	很大
			砂-黏土	黏土性砂(≤细粒含量为 5%～15%)	中等偏大
			混合物	黏土性强的砂(≤细粒含量为 15%～40%)	大

2)国内土的冻胀分类

(1)现行地基土的冻胀性分类规范

我国先前规范中冻胀分类指标比较分散,经不断地调整修订,逐渐集中为土的粒径组成、冻前含水率、地下水的埋深和冻胀强度四个指标,描述冻胀强度的指标有冻胀率 $\eta(\%)$ 和冻胀量 Δh 两种。

①建工系统

住房和城乡建设部发布的地基土冻胀性分类,在不考虑地下水位的情况下,按土质、冻前含水率 $w(\%)$、平均冻胀率 η 和冻胀等级,将地基土划分为五个冻胀等级,见表 1-9。

《建筑地基基础设计规范》(GB 50007—2011)冻胀性分类表　　　　表 1-9

土的类别	冻前天然含水率平均值 $w(\%)$	平均冻胀系数 $\eta(\%)$	冻胀等级	冻胀类型
碎(卵)石,砾,粗、中砂(粒径小于 0.075mm 的颗粒含量大于 15%),细砂(粒径小于 0.075mm 的颗粒含量大于 10%)	$w\leq12$	$\eta\leq1$	I	不冻胀
	$12<w\leq18$	$1<\eta\leq3.5$	II	弱冻胀
	$w>18$	$3.5<\eta\leq6$	III	冻胀

续上表

土的类别	冻前天然含水率平均值 $w(\%)$	平均冻胀系数 $\eta(\%)$	冻胀等级	冻胀类型
粉砂	$w \leq 14$	$\eta \leq 1$	I	不冻胀
	$14 < w \leq 19$	$1 < \eta \leq 3.5$	II	弱冻胀
	$19 < w \leq 23$	$3.5 < \eta \leq 6$	III	冻胀
	$w > 23$	$\eta > 12$	V	特强冻胀
粉土	$w \leq 19$	$\eta \leq 1$	I	不冻胀
	$19 < w \leq 22$	$1 < \eta \leq 3.5$	II	弱冻胀
	$22 < w \leq 26$	$3.5 < \eta \leq 6$	III	冻胀
	$26 < w \leq 30$	$6 < \eta \leq 12$	IV	强冻胀
	$w > 30$	$\eta > 12$	V	特强冻胀
黏性土	$w \leq w_p + 2$	$\eta \leq 1$	I	不冻胀
	$w_p + 2 < w \leq w_p + 5$	$1 < \eta \leq 3.5$	II	弱冻胀
	$w_p + 5 < w \leq w_p + 9$	$3.5 < \eta \leq 6$	III	冻胀
	$w_p + 9 < w \leq w_p + 15$	$6 < \eta \leq 12$	IV	强冻胀
	$w > w_p + 15$	$\eta > 12$	V	特强冻胀

注:w_p 为塑限(%)。塑性指数大于 22 时,冻胀性降低一级。粒径小于 0.005mm 的颗粒含量大于 60% 时,为不冻胀土。碎石类土当充填物大于全部质量的 40% 时,其冻胀性按充填物土的类别判断;碎石土、砾砂、粗砂、中砂(粒径小于 0.075mm 的颗粒含量不大于 15%)、细砂(粒径小于 0.075mm 的颗粒含量不大于 10%)均按不冻胀考虑。

②公路系统

交通运输部现行的季节性冻土分类采用 2019 发布的《公路桥涵地基与基础设计规范》(JTG 3363—2019),在不考虑地下水位的情况下,简化为表 1-10,该标准中季节冻土按冻前含水率 $w(\%)$ 或饱和度 S_r 将地基土划分为五个冻胀等级。

《公路桥涵地基与基础设计规范》(JTG 3363—2019)季节性冻土分类　　表 1-10

土的类别	冻前天然含水率平均值 $w(\%)$	冻前地下水位距设计冻深的最小距离 $z(m)$	平均冻胀率 $\eta(\%)$	冻胀等级	冻胀类型
碎(卵)石,砾,粗、中砂(粒径小于 0.075mm 的颗粒含量不大于 15%),细砂(粒径小于 0.075mm 的颗粒含量不大于 10%)	不考虑	不考虑	$\eta \leq 1$	I	不冻胀
碎石土、砾砂、粗砂、中砂(粒径小于 0.075mm 的颗粒含量大于 15%)、细砂(粒径小于 0.075mm 的颗粒含量大于 10%)	$w \leq 12$	$z > 1.0$	$\eta \leq 1$	I	不冻胀
		$z \leq 1.0$	$1 < \eta \leq 3.5$	II	弱冻胀
	$12 < w \leq 18$	$z > 1.0$			
		$z \leq 1.0$	$3.5 < \eta \leq 6$	III	冻胀
	$w > 18$	$z > 0.5$			
		$z \leq 0.5$	$6 < \eta \leq 12$	IV	强冻胀

续上表

土的类别	冻前天然含水率平均值 $w(\%)$	冻前地下水位距设计冻深的最小距离 $z(\mathrm{m})$	平均冻胀率 $\eta(\%)$	冻胀等级	冻胀类型
细砂、粉砂	$w \leq 14$	$z > 1.0$	$\eta \leq 1$	I	不冻胀
		$z \leq 1.0$	$1 < \eta \leq 3.5$	II	弱冻胀
	$14 < w \leq 19$	$z > 1.0$			
		$z \leq 1.0$	$3.5 < \eta \leq 6$	III	冻胀
	$19 < w \leq 23$	$z > 1.0$			
		$z \leq 1.0$	$6 < \eta \leq 12$	IV	强冻胀
	$w > 23$	不考虑	$\eta > 12$	V	特强冻胀
粉土	$w \leq 19$	$z > 1.5$	$\eta \leq 1$	I	不冻胀
		$z \leq 1.5$	$1 < \eta \leq 3.5$	II	弱冻胀
	$19 < w \leq 22$	$z > 1.5$			
		$z \leq 1.5$	$3.5 < \eta \leq 6$	III	冻胀
	$22 < w \leq 26$	$z > 1.5$			
		$z \leq 1.5$	$6 < \eta \leq 12$	IV	强冻胀
	$26 < w \leq 30$	$z > 1.5$			
		$z \leq 1.5$	$\eta > 12$	V	特强冻胀
	$w > 30$	不考虑			
黏性土	$w \leq w_\mathrm{p} + 2$	$z > 2.0$	$\eta \leq 1$	I	不冻胀
		$z \leq 2.0$	$1 < \eta \leq 3.5$	II	弱冻胀
	$w_\mathrm{p} + 2 < w \leq w_\mathrm{p} + 5$	$z > 2.0$			
		$z \leq 2.0$	$3.5 < \eta \leq 6$	III	冻胀
	$w_\mathrm{p} + 5 < w \leq w_\mathrm{p} + 9$	$z > 2.0$			
		$z \leq 2.0$	$6 < \eta \leq 12$	IV	强冻胀
	$w > w_\mathrm{p} + 9$	$z > 2.0$			
		$z \leq 2.0$	$\eta > 12$	V	特强冻胀

注：w_p 为塑限(%)。本分类不包括盐渍化冻土。塑性指数大于 22 时，冻胀性降低一级。粒径小于 0.005mm 的颗粒含量大于 60% 时，为不冻胀土。碎石类土当充填物大于全部质量的 4% 时，其冻胀性按充填物土的类别确定。

③水利系统

水利部发布的《水工建筑物抗冰冻设计标准》（GB/T 50662—2011），在不考虑地下水位的情况下，简化为表 1-11，该标准将冻土分为季节冻土和多年冻土。根据地基土的粒径组成，在季节冻融层内粒径小于 0.05mm 的粒径重量不超过总重量的 6% 的土为"非冻胀土"，否则为"冻胀性土"；冻土冻胀量 Δh 应通过现场实测确定，无实测资料时可进行计算，并按表 1-11 将土的冻胀性分为 5 级。

水工系统冻胀分级 表 1-11

冻胀级别	I	II	III	IV	V
冻胀量 Δh(cm)	$h \leq 2$	$2 < h \leq 5$	$5 < h \leq 12$	$12 < h \leq 22$	$h > 22$

④铁路系统

国家铁路局在 2018 年发布的《铁路特殊路基设计规范》(TB 10035—2018)中,根据我国严寒及多年冻土地区的调查资料,按冻前含水率、冻胀系数 η(%)将季节性冻土划分为五级,现不考虑地下水位的影响,简化为表 1-12。

《铁路特殊路基设计规范》(TB 10035—2018)季节性冻土的冻胀分级表 表 1-12

土的类别	冻前天然含水率平均值 w(%)	冻前地下水位距设计冻深的最小距离 h_w(m)	平均冻胀系数 η(%)	冻胀等级	冻胀类型
碎(卵)石,砾、粗、中砂(粒径小于 0.075mm 的颗粒含量不大于 15%),细砂(粒径小于 0.075mm 的颗粒含量不大于 10%)	不饱和	不考虑	$\eta \leq 1$	I	微冻胀
	饱和含水	无隔水层	$1 < \eta \leq 3.5$	II	弱冻胀
	饱和含水	有隔水层	$3.5 < \eta$	III	冻胀
碎(卵)石,砾、粗、中砂(粒径小于 0.075mm 的颗粒含量大于 15%),细砂(粒径小于 0.075mm 的颗粒含量大于 10%)	$w \leq 12$	>1.0	$\eta \leq 1$	I	微冻胀
		≤1.0	$1 < \eta \leq 3.5$	II	弱冻胀
	$12 < w \leq 18$	>1.0			
		≤1.0	$3.5 < \eta \leq 6$	III	冻胀
	$w > 18$	>0.5			
		≤0.5	$6 < \eta \leq 12$	IV	强冻胀
粉砂	$w \leq 14$	>1.0	$\eta \leq 1$	I	微冻胀
		≤1.0	$1 < \eta \leq 3.5$	II	弱冻胀
	$14 < w \leq 19$	>1.0			
		≤1.0	$3.5 < \eta \leq 6$	III	冻胀
	$19 < w \leq 23$	>1.0			
		≤1.0	$6 < \eta \leq 12$	IV	强冻胀
	$w > 23$	不考虑	$\eta > 12$	V	特强冻胀
粉土	$w \leq 19$	>1.5	$\eta \leq 1$	I	微冻胀
		≤1.5	$1 < \eta \leq 3.5$	II	弱冻胀
	$19 < w \leq 22$	>1.5			
		≤1.5	$3.5 < \eta \leq 6$	III	冻胀
	$22 < w \leq 26$	>1.5			
		≤1.5	$6 < \eta \leq 12$	IV	强冻胀
	$26 < w \leq 30$	>1.5			
		≤1.5	$\eta > 12$	V	特强冻胀
	$w > 30$	不考虑			

续上表

土的类别	冻前天然含水率平均值 $w(\%)$	冻前地下水位距设计冻深的最小距离 $h_w(m)$	平均冻胀系数 $\eta(\%)$	冻胀等级	冻胀类型
黏性土	$w \leqslant w_P + 2$	>2.0	$\eta \leqslant 1$	Ⅰ	微冻胀
		≤2.0	$1 < \eta \leqslant 3.5$	Ⅱ	弱冻胀
	$w_P + 2 < w \leqslant w_P + 5$	>2.0			
		≤2.0	$3.5 < \eta \leqslant 6$	Ⅲ	冻胀
	$w_P + 5 < w \leqslant w_P + 9$	>2.0			
		≤2.0	$6 < \eta \leqslant 12$	Ⅳ	强冻胀
	$w_P + 9 < w \leqslant w_P + 15$	>2.0			
		≤2.0	$\eta > 12$	Ⅴ	特强冻胀

注:w_P 为塑限(%)。盐渍化冻土不在表列。塑性指数大于22时冻胀性降低一级。粒径小于0.005mm的颗粒含量大于全部重量的60%时为微冻胀土。碎石类土当充填物大于全部重量的40%时,其冻胀性按填充物土的类别判定。隔水层指季节冻结层底部及以上的隔水层。

(2)我国部分学者研究成果

①中国科学院兰州冰川冻土研究所

1978年,中国科学院兰州冰川冻土研究所(现中国科学院寒区旱区环境与工程研究所)童长江对西北地区季节融化土层的冻胀性进行了工程分类,提出了季节融化层的冻胀性评价,见表1-13。其分类特点是粗粒土中的粉黏粒用<0.05mm表示,土中的冻前含水率也可用饱和度 S_r 代替。

土的冻胀分类(中科院兰州冰川冻土研究所,1978) 表1-13

土的类别	天然含水率 $w(\%)$	冻胀类别
碎石、砂砾石、粗砂、中砂等 (粒径小于0.05mm的粉粒含量<12%)	不考虑	不冻胀或弱冻胀
砂性土(当粉粒含量>12%的粗颗粒土可考虑划归此项)	$w < 12$	不冻胀
	$12 < w \leqslant 21$	弱冻胀
	$w > 21$	冻胀
黏性土	$w \leqslant 0.8 w_p$	不冻胀
	$w_p < w \leqslant w_p + 7.5$	弱冻胀
	$w_p + 7.5 < w \leqslant w_p + 17.6$	冻胀
	$w > w_p + 17.6$	强冻胀
水泥浆		强冻胀

注:w_p 为塑限(%)。不冻胀土:冻胀率 $\eta \leqslant 1$;弱冻胀土:$\eta = 1 \sim 3$;冻胀土:$\eta = 3 \sim 5.6$;强冻胀土:$\eta = 3 \sim 5.6$。

②哈尔滨建筑工程学院

1981—1983年,哈尔滨建筑工程学院王正秋以粒径小于0.05mm为粉粒和粒径等于0.002mm为黏粒,对细砂和粗砂的冻胀性进行了深入的研究,综合各方面的研究成果,定出了粗粒土的安全临界含水率 w_{cr}（$\eta<1$），见表1-14，划分出不冻胀土；不考虑地下水位时的冻胀分类见表1-15。

粗粒土的安全临界含水率 w_{cr}　　　　　表1-14

土的类别	w_{cr}
卵、砾石土，粉黏粒含量>12%	10~12
卵、砾石土，粉黏粒含量<12%	8~10
砂土(粗~细)	9~12
细砂	10~12
粗颗粒土(碎石土、砂类土)	12
细砂，粒径大于0.1mm的颗粒不超过全重的85%	14

碎石土、砂土冻胀性分类表（1983年）　　　　　表1-15

土的类别	粒径<0.05mm的颗粒含量(%)	含水率(%)	冻胀类别
碎石土、砾砂、粗砂、中砂	≤5	不考虑	不冻胀
	>5	无补给时	不冻胀
细砂	≤5	不考虑	不冻胀
	>5	<12	不冻胀
		>12	弱冻胀

注：砂土不包括粉砂，在封闭体系条件下为弱冻胀，在有排水条件时为不冻胀；碎石中填充物为黏性土时，按黏性土考虑。

③黑龙江省水利科学研究所

1979年，黑龙江省水利科学研究所提出以冻胀量绝对值、冻胀率、环境水分条件和土质条件作为判别冻胀性的分类法，见表1-16。

黑龙江省水利科学研究所的冻胀分类表　　　　　表1-16

地基土质情况	水分条件	冻胀系数 η	总冻胀量 (mm)	备注	冻胀分类
细砂以上的粗粒土(包括中砂、粗砂、卵砾石等，其中粒径0.005~0.05mm的颗粒含量<10%)、重黏土(原状)	非承压地下水，地下水在冻结期有排水出路	1~2	2~4	一般中小型水工建筑物可不考虑地基的冻胀影响	微冻胀性土
粉砂、亚黏土、黏土等	冻结期间地下水位低于最大冻深1.0~1.5m以上	5	10	可能存在强冻胀区和冻而不胀区	中等冻胀性土
各种粉质土，其中粒径0.005~0.05mm的颗粒含量>30%	土质饱和，地下水位始终接近冷锋面	>5	>10	不存在冻而不胀区	强冻胀性土

④辽宁省水利水电科学研究所

1983年,辽宁省水利水电科学研究所王希尧在《冻胀量的简易估算》一文中,建议地基土的冻胀性分类应以野外的冻胀量为准,推荐表1-17所列的分类法。

辽宁省水利水电科学研究所冻胀分类表   表1-17

冻胀分级	不冻胀	微冻胀	弱冻胀	冻胀	强冻胀	特强冻胀
冻胀量(mm)	0~5	5~20	20~50	50~100	100~200	>200

将以上研究成果进行归纳可以看出,对于不冻胀土的划分界限基本相同,认为当粗粒土的细粒(相当于粒径0.075mm)含量小于<15%时,为不冻胀或弱冻胀土;当细粒含量>15%时,土的冻胀性随含水率的增加而增加,粉、细砂的冻胀特性基本与黏性土相近,而黏性土的冻胀性随塑性含水率的增加而增加。

1.2.2 粗粒土冻胀特性研究

工程中将粗粒土定义为粒径0.075~60mm的颗粒质量比大于50%的土石混合料,根据粗细颗粒相互填充程度,分为骨架密实结构、悬浮密实结构和骨架空隙结构三种结构类型。粗粒土在自然界分布广泛,储量丰富,具有良好的压实性能,且透水性强、抗剪强度高,因此,作为路基填料被广泛应用于路基工程中。传统的冻胀理论认为,由于粗粒土粒径较大,其颗粒表面化学能较小,表面极少存在薄膜水,并且由于土体的孔隙率较大,冻结过程主要是由于其孔隙液态水结晶转变成固态水,并不产生或者极少产生水分正向迁移。因此,粗颗粒土通常被认定为冻胀不敏感性材料。然而相关工程建设实践经验表明,在我国北方地区,公路和铁路等构筑物路基均出现了不同程度的冻胀,直接危及行车安全。此外,根据中国铁道科学研究院(以下简称"铁科院")针对哈大高速铁路路基粗颗粒填料状况和冻胀量监测的结果显示,粗颗粒土在一定组合条件下也可以发生冻胀现象。因此,了解粗颗粒路基土的冻胀影响因素和特性,对于寻找便捷有效的防治途径是十分必要的。

土体是由空气、水分和土颗粒组成的三相介质,冻胀是三者受外界环境影响下相互作用的宏观表现,指土体冻结过程中,水分(含孔隙中原有水分和外界向冻结锋面移动的水分)冻结形成冰透镜体、冰层、多晶体冰晶等浸入土体,使土颗粒间的位置产生相对移动,导致体积表现出不同程度的扩胀现象。实践证明,当土中水分冻结形成的体积增量未超过原来无孔隙水的孔隙体积时就会发生冻胀。影响粗粒土冻胀的因素主要包括粒径级配、冻结深度、细颗粒的含量、矿物成分、渗透系数、含水率、温度、密实度以及外荷载等。归纳起来主要包含土质、含水率、温度、荷载四方面,本小节从影响粗粒土冻胀特性的主要因素角度,列举国内外具有代表性的粗粒土冻胀特性研究现状。

1)土质对土体冻胀的影响研究现状

土质通过级配、密实度、塑限、液限、渗透性和矿物成分影响寒区土体冻胀。其中颗粒粒径对土体冻胀性影响显著,颗粒粒径与比表面积大小成反比,比表面积可用于反映颗粒表面力场的差异,而颗粒与水相互作用的能量和比表面积有直接关系。比表面能的差异性直接影响着土体冻结过程中水分的移动能力,导致土体冻胀变形特征的差异。粗颗粒(粒径大于0.1mm)与水的结合作用较弱,饱和粗颗粒土在冻结过程中,水分不会向冻结锋面迁移,而是在重力作用下出现排水情况(非封闭系统),此类土属于非冻胀土。随着土粒径的减小,土体冻胀性随之增强,粒径在0.05~0.1mm范围时,即可产生冻胀,粒径在0.002~0.05mm范围时,土体冻胀性最大。粒径在小于0.002mm及以下范围时,土颗粒分散性增大,导致水分迁移量减小,冻胀性也相应减弱。土体的孔隙率与密实度呈反比,密度度小的土体在冻结时,因孔隙率大会有充分空间任冰自由膨胀,而土体冻胀强度却甚微。当其密实度大到一定界限值时,此时土中孔隙率最小,颗粒团聚条件最佳,达到保证水分迁移的薄膜机构处于最有利的条件,土体冻胀强度达到最大值。当土体密实度进一步增加并超过该界限值时,土中自由水减少,土体冻结速率提高,其冻胀强度反而减小。土体中的矿物成分对其冻胀性影响也比较大,试验表明,黏性土的冻胀强度随着所含矿物成分不同而不同,以高岭石为主时冻胀性最大,施工含水率大时因不易压实而形成橡皮土。

  国外学者主要采用理论研究与试验方法研究土质对粗粒土冻胀的影响。Chamberlain 引入统计学的研究方法,总结了粗粒土冻胀敏感性评价的分类现状,指出多数研究依据细粒含量和级配特性作为粗粒土分类的判据,并就级配对冻胀性的重要影响做了分析。Bilodeau 等针对3种不同粗骨料,分析了级配对其敏感性的影响,得出粗粒土的分凝势随着空隙度的增加而降低的结论,并通过试验证明了细颗粒含量对分凝势的影响不可忽略。粗粒土中的细颗粒对粗粒土的冻胀敏感性影响现已经达成共识,Vinson 等研究了细颗粒粒径的影响,建立了分凝势与粗粒土冻胀率的相关关系,指出颗粒粒径越小影响程度越大。Konrad 和 Konrad 等通过室内试验研究了细颗粒含量对粗粒土冻胀量的影响,指出细颗粒土含量小于7%时,粗粒土冻胀量较小,但是随着补水量的增加,冻胀量显著增加,二者的研究还指出可将1%的冻胀率作为粗粒土冻胀敏感性的标准,这一提法具有开创性,可作为微冻胀混合料的命名标准。对于矿物成分粗粒土冻胀的影响,Konrad 等采用试验手段进行了研究,认为级配良好的粗粒土的冻胀性与分凝势随着细颗粒含量和高岭土含量的增加而增大。然而,Rieke 等通过试验研究发现,分凝势随着细颗粒活性的增加而减小,与 Konrad 的结论相悖,其认为是由于细颗粒增多后,比表面积相应增加,吸水能力增强,细颗粒吸水导致未冻结毛细管通道减小,水分流动速率减小,使得分凝势减弱。对于孔隙率对粗粒土冻胀性的影响,Viklander 研究了冻融循环对石块的冻胀特性影响,发现孔隙率是影响碎石冻胀的重要因素,并借助 X 射线技术,观察了多次冻融循环作用下石块在水平和竖直方向的位移,当孔隙率较大时,石块向下运动,随着孔隙率减小,石块运动方向改变,向上运动表现为冻胀,最后指出碎石冻胀与融沉的临界孔隙率为0.3左右。

  国内学者主要采用室内试验、现场试验等方法结合理论分析研究土质对粗粒土冻胀的影响。王正秋研究了粉黏粒粒径对水分迁移和冻胀的影响,提出粒径小于0.05mm的粉黏粒含量大于12%的粗颗粒土是产生水分迁移和冻胀的临界值。王天亮等通过一系列试验研究得出细颗粒含量为9%时,粗粒土的压实效果可以得到满足,且冻胀率可控制在可接受的范围内。陈肖柏等、戴慧民等在20世纪80、90年代研究了砂石和季节性冻土区公路路基土的冻胀敏感性,并给出了分类。于琳琳等系统研究了堆石坝垫层材料的冻胀性能,并建议工程中选用粉黏粒含量小于12%且含水率小于9%的材料作为堆石坝垫层材料。

2)含水率对土体冻胀的影响研究现状

土体中的孔隙水在负温下结冰膨胀从而引起土体冻胀,水分含量是引起土体冻胀的基本因素之一。对于细颗粒土,水分通过表面的吸附作用保留;对于粗颗粒土,毛细作用是保留水分和产生冻胀的主要机制。土体可分为封闭系统和开放系统,开放系统中除自身所含水分外,还有地下水和大气降水等外界的补给。土体冻胀可分为分凝冻胀和原位冻胀。孔隙水原位冻结会导致体积增大9%,但经过外界水分补给并迁移到该位置处的冻结将导致体积增大1.09倍。封闭系统中的冻胀主要由自身所含水分的冻结及迁移引起,由于没有外界水源的补给,冻结后仅在上部土层中(细颗粒含量较高的土)水分较冻结前会发生明显的增加,下部土层含水率减少,产生的冻胀量也较小。在开放系统中,冻结后整个冻深范围内的含水率较冻结前有显著增加,引起较大的冻胀,如秋末冬初大气降水渗入路基后立即降温,若防排水系统不完善,会导致路基产生较大的冻胀;如地下水丰富加上条件适合,水分在路基冻结过程中会不断迁移至冻结锋面,引起冻胀。国内外学者基于初始含水率和外界补水条件对含水率与粗粒土间的冻胀关系进行研究。

Jones等认为,粗颗粒土土体的吸水特性和含水率对冻胀的影响比土质级配的影响更大。Fourie等借助电子计算机断层扫描(Computed Tomography,CT)技术观测了3种不同颗粒大小的粗颗粒土中冰晶体的形成和消失过程,为粗粒土的渗透性研究提供了可以借鉴的研究方法,指出初始不透水冰层的形成位置位于土体表面附近。Ishikawa等进行了非饱和三轴试验,研究了冻融循环作用对冻胀不敏感材料(火山岩粗粒土)水分分布的影响,得出冻融循环作用仍然不可忽略。Komarov对砂质土冻结时的渗透性进行了研究,发现其渗透性与冰晶体的体积存在此消彼长的关系,固定密实度为0.4时,随着初始含水率在2%~7%范围内变化,孔隙冰的饱和度在3%~60%范围内变化,土体渗透系数自6mm/min降低到0.07mm/min。Olovin利用空气代替土中水对粗颗粒土的渗透性进行了研究,得出由于土体中孔隙冰的体积增加,使得土颗粒骨架开始移动,进而导致土颗粒之间的孔隙尺寸增加,渗透性提高的结论。其试验发现当饱和度增加0.5时,土体的渗透系数减小2~3个数量级。

国内学者聂志红等通过室内冻胀试验研究了含水率、孔隙率和细颗粒含量对级配碎石冻胀的影响规律,得出三者对级配碎石冻胀影响程度大小为含水率>孔隙率>细颗粒含量,并给出了控制级配碎石满足冻胀量要求的含水率建议值。张以晨等做了相似的试验,通过对不同含泥量、含水率、饱和度和密实状态下的室内冻胀试验进行分析,得出含水率是影响冻胀的最主要因素。姜龙等研究表明,当含水率小于7%时,位于季节性冻土区的公路路基砂类土出现缩冻现象,说明固体颗粒热胀冷缩现象会影响冻胀。室内试验和现场监测均表明,在封闭系统中,只有当土体中的初始水分含量达到某一临界值时,土体才会发生冻胀,并且冻胀率与含水率有正相关关系,但最终会趋向一个定值。20世纪80年代,王正秋研究了地下水位对粗颗粒土冻胀的影响,指出毛细水上升的最大高度决定了地下水对冻胀土不产生影响的最小距离。戴慧民等通过现场监测和室内试验,建立了路基潮湿状态分析模型和临界高度计算方法,并提出了一种以潮湿状态为标准,划分路基土的冻胀性类别的方法。徐伯孟等研究了黏性土中含水率对冻胀的影响,得出在开放性系统中且地下水位在临界水位以内时,冻前地下水位与冻胀率关系曲线的外包络线近似为直线的结论。令锋等通过渗流理论和传热学理论推导了多年冻土区土体侧向有地表水渗入条件下,路基的渗流场和温度场共同耦合作用下的微分方程,并结合现场测试资料,对青康公路一试验段路基温度场变化状态进行了数值计算预报。陈肖柏等通过砂砾石冻结试验,得出了冻渗、冻胀与孔隙水压力发展过程线,因水变成冰体积膨胀形成孔隙水压力,多余水量将会在水压梯度的作用下被排除掉。孔隙水压力及冻胀量均随土体冻深发展而发展,当冻深发展到试样底部时,冻胀量达到最大值,孔隙水压力也达到峰值。此后,在孔隙水压力作用下冰晶体具有较强烈的流变性能,土体发生应力松弛,孔隙水压力也会相应发生衰减。常晓丽对大兴安岭北部地区多年冻土上限和地下冰进行了研究,发现不同岩性的地层含水率和热力学性质差别很大,在其他条件相同时,不同岩性冻土的上限与颗粒粒径相关,细颗粒土的上限比粗颗粒土的上限低。汪双杰等指出层状纯冰层是以地下水的冻结为基础通过分凝作用形成的,一般在粗颗粒沉积物中最为多见,尤其在地下水含量丰富地段最容易形成这种冰层。陈金桩阐述了决定土冻胀初始条件的临界含水率,指出起始冻胀含水率是一个与土的级配、矿物成分等有关的特征指标。赵洪勇等针对东北某客运专线基床底层A、B组填料做了一系列试验,证明了填料冻胀率随着含水率的增加而增大,并且细粒含量<15%的粗颗粒土仍会发生冻胀,且冻胀率随着细粒含量的增加而增大。

3)温度对土体冻胀的影响研究现状

温度是引起土体冻胀的另一重要因素,其影响包括冻结指数和冻结速率两个方面。在其他条件相同时,冻结指数越大,路基冻深越大。冻结速度越快,冻胀量越小。如冬季严寒降温速度较快,土体以较快速度冻结到冻深最大处,水分来不及发生充分的迁移,此时的冻胀量较小。若初入冬季,时寒时暖,频繁交替,其冻结速度缓慢,水分会充分迁移,土体冻胀量明显增大。若冻结锋面滞留在某位置处较长时间,则会使水分充分地向上迁移,该位置处积聚成聚冰层或冰夹层,导致该位置处的湿度很大,往往接近或超过液限,并加剧土体冻胀强度。对于季节性冻土,粗颗粒的温度随着环境温度的变化发生周期性变化,外界温度的变化速率决定了粗粒土的冻结速度,负温度的持续时间很大程度上影响着土体的冻胀量。

叶拔友等采用相似材料模型试验研究了粗颗粒土路堤地温变化规律,得出了路堤的路面、边坡和护道的融深与地表温度、含水率的相关关系及粗颗粒土路堤的最小高度计算公式。陶兆祥等研究了寒冷地区道路材料的热学性质，指出寒区修建道路时要重视材料保温性能和干重度，得出在高原冻土地区较为复杂的路基地段，以聚丙烯作为胶结料为宜。邓友生等研究了非饱和土与饱和冻融土导湿系数的变化特征，通过室内试验得出了非饱和土的导湿系数是其含水率与水土势的指数函数，且粗粒土随含水率的降低而快速降低的结论，并讨论了影响因素对导湿系数的影响，最后得出冻后融化系数大于冻前融化系数，多次冻融后导湿系数趋于固定常数的结论。黄静山结合实际工程阐述了冻胀的概念和影响冻胀的基本因素，分析了冻土与暖土高度混用对工程建设的不良影响，对测量成果的使用条件进行了说明。彭万巍研究了冻结速率对冻胀强度的影响，分析了4种不同掺合料砂石在不同冻结速率下的冻胀率变化，得出二者存在直接相关关系。吴镇等基于哈齐高速铁路工程研究了细圆砾土的冻结温度随着细颗粒含量的变化规律，得出随着细颗粒含量的增加冻结温度下降的结论。刘华等采用现场检测和数值计算手段，对比分析了哈大高速铁路路基冻胀量随冻深的分布情况，探讨了改性填料路基的保温效果和升温速率，指出改性A、B组填料保温效果良好，回暖速度快于常规的A、B组填料。

4）外部约束对土体冻胀的影响研究现状

增加外部约束对土体冻胀的抑制作用显著。这是因为外部荷载的增加，增大了土体颗粒之间的接触应力，降低了土体初始含水率和冰的冻结点，抑制了水分迁移的过程，使土中水的液态与固态的相互转换受到影响。当荷载增加到一定值时，冻结面不能吸水，中断了未冻区水分向冻结前缘的转移，土体冻胀停止，此时的荷载被称为中断压力。通常粉质土的中断压力为300~500kPa，若温度继续降低，冻胀仍可能发生，通常情况下路基上部荷载与行车荷载很难达到中断压力。实际上，有时比中断压力小得多的压力也能较显著地阻止水分向冻结前缘带的迁移，并有效地减小冻胀量。如从路基的断面形状看，深路堑和高路堤形式下的路基土体冻胀量是有较大差异的，一是路堤下土体水分迁移条件比路堑相差很多，产生的冻胀量相比较要小；二是高路堤因上部结构对路基产生的压应力较路堑要大得多，存在外部约束抑制作用，使其冻胀量减小。

田亚护等通过试验详细研究了动、静荷载作用对细颗粒土的冻胀特性的影响，得出结论：随着外荷载的增大细颗粒土的冻胀率逐渐减小；当静荷载幅值等于动荷载幅值的一半时，动、静荷载对细颗粒土的冻胀影响基本相同。姜洪举等通过大庆地区现场试验证明了荷载越大，其对地基土冻胀性的影响越大，但影响程度是有限的，荷载增大到一定程度时，冻胀程度趋于一固定值。童长江等的研究证明了外荷载加大时冻胀速度急速减小的结论。盛岱超等研究了列车循环动荷载作用下的冻胀机理，并建立了冻胀模型。孔祥兵等采用理论研究的方法以青藏铁路某路基为依据，给出了列车荷载对冻土路基稳定性影响的动力学计算方法。黄志军等基于热力学理论及Biot固结理论建立了可用于分析季节冻土区公路路基的动力模型，通过计算分析得出路基的碎石层可以有效减小孔隙水压力，从而达到延缓与消除路基冻胀病害的目的。

除上述主要应用因素外,土体冻结深度对粗粒土的冻胀性也有影响,钟敏辉等提出采用改进的 Berggren 法作为设计冻深的计算方法,并提出对于时速 300km 以上铁路冻深范围内全部解冻以有效减少冻胀灾害的建议。

5）含盐量对土体冻胀的影响研究现状

路基土中的盐分直接影响到土中未冻结水的含量、冻结温度与水的渗透压力。盐溶液浓度增加,土体冰点降低,导致其冻胀量减小,当盐溶液浓度达到某定量时,路基土体的冻胀性就变得很小。自然界的土盐分含量均不同,当土体中盐的含量大于 0.5% 时称为盐渍土。试验表明,亚砂土的盐溶液浓度为 8%～10%、粉砂的盐溶液浓度为 2%、亚黏土的盐溶液浓度大于 10% 时土体不会冻胀,利用这一特性,采用人工盐渍化方法改良路基,防止路基冻胀十分有效。如丁兆明通过室内系列的单次降温盐胀试验,研究了粗颗粒硫酸盐盐渍土的盐胀特性,并分析了其作为路基填料的可用性,结果表明影响其盐胀量大小的主要控制因素是含水率、含盐量及初始干重度。

目前对粗粒土冻胀控制多以普速铁路路基冻胀控制标准为基础,对季节性冻土区高速铁路路基冻胀影响因素研究不足。铁科院在哈大高速铁路的监测结果表明,细粒料的物理力学参数如黏聚力、内摩擦角对粗粒土的冻胀影响程度很大,目前对粗粒土的冻胀研究对于粗粒土强度、细粒料含量和强度以及细粒土冻胀特性重视程度不够。对于粗粒土冻胀研究通常采用现场实测和室内试验的方法,现场实测样本量少,得到的模型应用推广性差,室内试验土样与原状土体存在差异,试验条件不能完全模拟现场工程环境,相关的经验公式适用性差,故试验结果的真实性有待商榷。粗粒土冻胀是多因素综合作用的结果,而目前粗粒土的冻胀评价方法多针对单一因素,考虑多因素冻胀机理的模型较少。随着季节性冻土地区高速铁路的大规模修建,粗粒土骨架颗粒的微冻胀机理问题亟待解决。目前缺乏对填充料和粗粒土骨架相互耦合作用方面的深入研究,已有的研究多数剥离了二者间的作用关系。

1.2.3 路基填料冻胀机理研究

高速铁路季节性冻土路基防冻胀是高寒地区高速铁路路基安全、平顺运营最为基础、核心的问题,发生冻胀超标的根本原因在于并未系统掌握微冻胀填料的冻胀机理。对冻胀机理的研究是路基防冻胀的基础与关键,然而,目前高速铁路路基冻胀处理技术尚未成熟,具有效率低、工序多、标准杂、成本高、应用面窄、适用性差等特点,原因在于当前高速铁路冻胀的防治和处理仍采用一般铁路冻胀防治处理措施和标准,尤其对无砟轨道高速铁路,既无明确的规范可依,也无成熟的经验可鉴,且尚未对高速铁路路基填料的冻胀机理与冻胀因素进行针对性和系统性的科学分析,尤其对高速铁路路基填料的微观冻胀机理研究在国内外尚属空白。根据线路维修规则和线路工后沉降控制标准,严格控制路基变形,保障列车运营安全性和舒适性。随着冻土区高速铁路路基结构因冻胀产生的不均匀沉降,以及由此导致的轨道不平顺问题日趋增多,其造成的影响必将日趋严重。因此,寒区冻土路基填料的冻胀问题已经成为高速铁路建设亟待解决的问题。对于寒区高速铁路路基,填料的选择尤为重要,一般采用微冻胀填料,其为粗粒土,冻胀量较小。对于工民建、水工建筑、公路等一般建(构)筑物来说,此冻胀量可以忽略,可将其作为非冻胀性填料,但对于线路平顺性要求极高的高速铁路,此数量级的冻胀已经不满足变形控制要求,必须从填料角度严格控制其冻胀量。周神根等通过实际观测表明,级配良好且优质的粗粒料可较大减小路基的工后沉降值,满足高速铁路路基填料对级配与品质的严格要求。根据日本、法国、德国以及我国此前开展的基床强化研究可知,高速铁路使用的优质填料主要有级配碎石、级配矿物颗粒材料和石灰、水泥等结合料的改良土等。目前我国高速铁路基床表层采用级配碎石等,基床底层采用 A、B 组填料或改良土(若为细粒土,压实系数 $K \geq 0.95$),基床以下采用 A、B、C 组填料[C 组填料为一般填料,包括易风化的软块石(胶结物为泥质)和细粒土含量在 30% 以上的漂石土、卵石土、碎石土、圆砾土、角砾土和粉砂、粉土、黏粉土]或改良土(若为细粒土,压实系数 $K \geq 0.90$)。铁科院通过近几年高速铁路路基冻胀监测和相关试验,掌握了其宏观冻胀规律及主要影响因素,总结并提出寒区铁路路基冻胀发展经历初始波动冻胀、快速冻胀、低速平稳冻胀、波动融沉和融沉稳定等五个阶段,以及填料细粒含量、封闭层结构缝防水措施与地下水等的影响规律。但目前针对基床微冻胀填料内在的冻胀机制缺乏系统研究,包括细粒组分冻胀微观发展机制、不同矿物成分及含量对冻胀的影响、细颗粒冻胀与粗颗粒骨架的相互作用机制、微冻胀情况下冻胀变形量化模型以及填料冻胀分类深化等方面。因此,微冻胀填料路基的冻胀机理研究是我国寒区高速铁路路基冻胀防治的基础。

1)冻胀规律

(1)高速铁路路基的冻胀规律

在高速铁路路基冻胀规律研究方面,铁科院针对哈大高速铁路沿线路基进行了长期监测,掌握了高速铁路路基的宏观冻胀规律及主要影响因素,总结出路基初始波动冻胀、快速冻胀、低速平稳冻胀、波动融沉和融沉稳定五个阶段的特点;对冻胀沿冻深分布进行了统计,统计结果显示近 70% 的冻胀发生在基床表层范围内。同时对填料细粒含量、封闭层结构缝防水措施、地下水等的影响进行了研究。

(2)不同因素下填料的冻胀规律

在粗粒土冻胀特性研究方面,也取得了一定成果。铁道部重点课题"寒区铁路路基防冻胀结构及设计参数研究",以哈大客运专线为依托,通过室内冻胀试验,获得了土的细粒含量、密实程度、含水率、土的渗透性、细颗粒充填粗颗粒孔隙情况等对粗粒土冻胀性的影响规律。Lai 等研究对比了一种新型路堤和粗粒土路堤的冻胀融沉性质。在细粒土含量对粗粒土冻胀敏感性影响的研究方面,Konrad 认为,粗粒土中细粒土的含量小于 7% 时,粗粒土的冻胀量相对较小,但补水量却很明显,且将 1% 的冻胀率作为判别粗粒土冻胀敏感性的标准。同时,研究认为,细粒土含量和黏土矿物含量增加将提高粗粒土的冻胀敏感性,这与 Vinson 等、Chen 等、王正秋等、叶阳升等、许建等的研究结果相同。其中,Vinson 等通过进一步研究认为,细粒土粒径大小也是影响粗粒土冻胀敏感性的重要因素;王正秋等也有类似的认识,即土的分散程度(粒度成分)是一个很重要的物理指标。张以晨等通过对不同含泥量和含水率的细砂、粉砂、粗砂的冻胀试验研究,认为相比于粗粒土中的含泥量,含水率是粗粒土产生冻胀最主要的因素。王天亮、岳祖润等研究了某高速铁路不同细粒土含量、不同干密度条件下细圆砾土填料的冻胀特性,认为同时满足冻胀率和压实效果的最大细粒土含量为9%,同时认为对于相同细粒含量存在一个最不利干密度;冻结48h后,细圆砾土试样冻土段的含水率均大于初始含水率,含水率沿试样呈S形分布;细圆砾土试样干密度的增大有效地阻断了水分迁移的路径。

在粗粒土填料冻胀机理研究方面,王正秋等认为粗粒土冻结与黏性土冻结在水分迁移方面的差异在于粗粒土极少存在薄膜水,不足以构成连续水膜,不产生水分正向迁移,故冻胀量不大,该理论虽然得到普遍认可,但缺乏量化理论模型的支撑。盛代超认为,列车动荷载作用下,基床中会产生泵吸现象,将基床中的水分从底部转移至上部,从而导致冻胀,并建立了相关模型进行计算分析。但该理论无法解释高速铁路运营之前就已经发生的冻胀,且根据监测结果,如得不到有效处理,相同地段的冻胀在运营前和运营后的发展规律是相同的。

综上所述,国内外学者对土体冻胀的研究中,关于土的冻胀以及冻土在冻结、正冻正融状态下力学特性的研究,绝大部分局限于发生较大冻胀变形和产生严重冻害的冻胀敏感性土,即冻胀率超过1%的土,且主要从宏观上研究影响土冻胀的因素,如土质、温度、水分及迁移等因素。而对于冻胀率小于1%的微冻胀土,由于其具有压实性能好、填筑密度高、抗变形能力强、抗剪强度高、透水性好等优良的物理力学性质,已在我国大规模的土木工程建设中得到了广泛的应用。我国《高速铁路设计规范》(TB 10621—2014)规定:基床底层范围采用A、B组填料或改良土,基床以下路堤可选用A、B组填料或C组碎石、砾石类填料。而严寒地区高速铁路恰恰以这类微冻胀性土作为路基防冻胀的主要填料,其冻胀率对于工民建、公路等一般建(构)筑物来说可忽略,可作为非冻胀性填料使用,而对高速铁路而言路基冻胀产生的不均匀沉降值已不能满足轨道结构的高平顺性要求。目前关于土的冻胀机理及模型的研究主要针对细颗粒含量较高的冻胀敏感性土,相关的界限划分及冻胀规律的研究也主要集中于此,对于目前高速铁路大量采用的细颗粒含量低的粗粒土,由于其冻胀系数小于1,在以往的研究中属于不冻胀土,由于细颗粒含量低,该填料内没有连续的薄膜水及水分迁移通道,因此,相关的机理不能适用于此类填料。虽然对于高速铁路微冻胀填料路基宏观冻胀规律已经基本掌握,关于微冻胀填料各影响因素的影响特性研究也有诸多成果,但微冻胀填料内在冻胀机理研究成果较少,目前尚无基于微冻胀填料微观水土分布状态和细颗粒冻胀与粗颗粒骨架相互作用的冻胀机理的阐述。

2)冻胀模型

关于冻胀模型方面,Harlan于1973年提出了正冻土的水热耦合模型,该模型建立在部分已冻土的未冻水运移与非饱和土的水分运移基础上,随后不少学者基于这个基本概念提出了一些模型。20世纪80年代初期,根据Miller的第二冻胀理论O'Neill提出了刚冰性模型。Sheng基于刚冰性模型提出层状土、非饱和土和保温层等的可操作方法。20世纪80年代与刚冰性模型并驾齐驱的模型还有分凝势模型,Konrad和Morgenstern把分凝势定义为正冻土冻结缘中水分迁移率与温度梯度的比值。Nixon和Knuton进行实验室和现场验证,认为分凝势模型的精度可以满足工程要求。随后,徐学祖等研究发现分凝势模型适合温度梯度已知的条件,对于非稳定热状况条件,分凝势不是常数,不能用来解决冻胀问题。20世纪90年代,热力学模型开始提出,Fremond和Mikkola基于质量、动量、能量及熵平衡定律,通过选取适当的自由能和耗散势表达式并利用局部平衡状态推导得出了多孔介质的基本方程。

上述模型主要是针对天然的冻胀敏感性土进行的研究,不能适应低细颗粒含量粗粒土这种微冻胀填料冻胀变形预测和分析计算的要求。

综观国内外文献和工程实践发现,细粒土是影响冻胀敏感性的一个重要因素。然而目前对细粒土冻胀性能的研究往往只考虑单一因素影响(如温度、湿度等),但是,在实际环境下路基材料遭受多种环境因素的耦合交互作用,而并非单一因素的简单叠加。细粒土中的水迁移、热迁移与成冰过程本质上是多孔多相介质带相变的固、液、气、热耦合问题,目前国内外的工作大多停留在试验探索阶段。Aboustit等较早研究了弹性多孔介质中不考虑水的压缩性和热膨胀性时固-液-热耦合变分原理。Mctigue提出了可压缩的固-液两相介质具有不同的热膨胀性的固-液-热三场耦合理论,但忽略了介质的热传导性。Noorishad等人首次提出了饱和裂隙介质的固-液-热耦合方程。Thomas等建立了变形非饱和土中热、水及气相互作用的理论模型;Gatmiri提出了考虑土骨架非线性变形的固-液-热耦合模型,较全面地考虑了固相的非线性变形、液体的可压缩性和热膨胀性以及热的传导与对流。以上研究均针对高温下的三场耦合问题,一般都不涉及含相变过程的冻土。在1973年,Harlan提出了土体冻结过程中水-热迁移耦合数学模型,从此进入了多场耦合问题的研究阶段,其工作核心是基于冻土中的热、质迁移来进行数值模拟。随着对冻胀现象的研究,在伴有相变过程中的冻土三场耦合问题方面,冻胀预报模型有经验模型及半经验模型、流体动力学模型、刚冰模型、热力学模型等。

(1)经验及半经验模型

Arakawa、Knutson等提出了冻胀经验模型,这些模型通过现场或室内冻胀试验确定冻胀经验公式,直接引入数学模型而建立;Takashi、Zhang和Zhu等基于冻胀的物理本质,考虑冻胀经验公式,建立了半经验模型;陈肖柏等通过试验提出了一种黏性土的冻胀预报模型,其主要是将冻胀率和冻胀速率表示为众多因素(初始含水率、干重度、冻结速率、下水位等)的复杂的幂函数与指数函数的乘积形式。经验及半经验模型为冻胀量的量化提供了基础。

(2)流体动力学模型

在Harlan首次提出正冻土中的热、质与水分相互作用的耦合模型后,不少学者在这种思路下提出了各种类似模型。该模型在考虑液体和土介质特性的情况下,从液体动力学观点出发,在流体迁移的水动力数学描述中类推应用了 Darcy 定律,根据非饱和土中的水分迁移与非完全冻结土中的水分迁移理论,通过简化假定,把复杂的冻胀融沉机理综合因素归纳为未冻水含量随温度变化的关系,提出了冻土中热质迁移与水分迁移相互作用的流体动力学模型。该模型的特点在于不考虑分散冰透镜体的形成过程,也无法考量外荷载对模型的影响,当土体含冰量超出一定范围时,仅简单地依据水流通量的发散情况来确定冰透镜体或富冰带的位置。

(3)刚冰模型

基于 Miller 的第二冻胀理论,O'Neill 提出了刚冰模型,该模型认为冰水相之间的压力是模型输入最重要的参数之一,且在冻结缘内当有效应力超过上部荷载时,新的冰透镜体就会形成。该模型假设冻结缘中的冰与正生长的冰透镜体紧密连在一起,当冻胀发生时,孔隙冰能通过微观的复冰过程移动,因此,冻胀的速度应与刚性冰体的移动速度一致。随后 Holden、Piper、Ishizaki 等继续改进和简化了刚冰模型。但是在该模型中涉及许多土物理、力学参数,如冻结缘中的应力比例因子、未冻水含量和导湿系数,由于一些物理参数难以测得,因此该模型的应用受到一定的限制。

(4)热力学模型

基于质量、动量及能量守恒及熵不等式的基本理论建立的热力学模型,反映了事物的本质。水、热、力三场耦合的热力学模型由 Duquennoi 首次提出,后来经过 Fremond 和 Mikkola 进一步改进。Fremond 认为土骨架、未冻水及冰是构成饱和冻土的三相体,通过选择合适的自由能和耗散势表达式可以建立局部动力平衡及本构方程,该模型能够计算冻结中孔隙水吸力、热质迁移及冻胀。然而该模型仍在发展中,目前尚无法在工程中应用。国内苗天德等从热力学、混合物理论出发,建立了固液两相介质伴有相变的水、热二场耦合模型。该模型属于非线性的 Burgers 方程,相对于经典的 Stefan 线性热传导方程,可以描述冻结过程中的水热耦合效应。李宁、陈飞熊等在冻土中骨架、冰、水、气多孔多相介质的基础上,建立了冻土多孔多相微元体的平衡方程、多孔固液介质的质量守恒方程及多孔多相介质的热、能守恒方程,建立了饱和正冻土的水热力耦合控制微分方程的理论构架。何平等认为,土冻结过程中,除水分场、温度场发生变化外,土体的密度场也发生变化,因此考虑土骨架的变形是必要的,并依据连续介质力学、热力学原理,提出了土体冻结过程中的三场耦合方程。

3)细粒土冻胀理论及方程

(1)Everett 毛细理论

通过该理论能对土体冻胀进行估算,但无法解释土体冻胀过程中不连续分凝冰的形成原因。毛细理论认为冻胀压力及抽吸力是产生冰透镜体的原因,并与土多孔基质有关。Everett 等曾提出一个针对多孔介质冰生长时严密的平衡热动力方程:

$$P_i = P_w + \frac{2\sigma_{aw}}{r_{iw}} \tag{1-1}$$

式中：P_i——冰透镜体底部的稳定冻胀压力；

P_w——孔隙水压力；

σ_{aw}——空气-水界面的表面张力；

r_{iw}——冰-水作用界面的曲率半径。

冰透镜体底面产生的抽吸力降低到其原始值时，冻胀现象即终止，因为此时入流水中断，因此冰透镜体的生长及由此产生的冻胀现象终止。

（2）Miller 冻结缘理论

Miller 针对毛细理论的不足提出了冻结缘理论，Miller 认为第二冻胀理论包容了冰锋面的形成，直至其进到冰透镜体下静止土颗粒的孔隙中。饱和粒状土中冻胀驱动力归结为孔隙冰、孔隙水、温度的相互作用及冻结缘区中吸附薄膜的膨胀特性。此时 Clausius-Clapeyron 方程为下列形式：

$$\frac{P_w}{\rho_w} - \frac{P_i}{\rho_i} = \left(\frac{L}{K}\right)T_f \tag{1-2}$$

式中：P_w——孔隙水张力；

P_i——孔隙冰压力；

ρ_i——冰的密度；

ρ_w——水的密度；

L——相变潜热；

K——水的绝对冰点温度；

T_f——孔隙水结冰温度。

有效应力方程可表示为：

$$\sigma_e = p + XP_w + (1-X)P_i \tag{1-3}$$

式中：σ_e——有效应力；

p——荷载应力；

X——冰压力和孔隙水张力对有效应力相对贡献的分配系数。当冻结缘边界土中无冰时，$X=1$；在冰透镜体增长底部的全部非吸附水冻结处，$X=0$。

可见，土体冻结时，冻结缘内冰透镜体生长时，孔隙水张力和孔隙冰压力是变化的，冻结缘的厚度由温度梯度控制，当温度梯度增大时，冻结缘的厚度及其水流阻抗减小。

（3）水动力学模型——Harlan 模型

Harlan R. L. 对造成寒区工程病害的主要原因之一聚冰冻胀作用进行了深入探讨，提出了著名的 Harlan 方程。Harlan 模型为温度场和水分场的耦合方程组，该方程组描述了部分冻结土的水热迁移问题。

假设空气和水蒸气迁移对于水分迁移的影响很小，忽略不计。一维冻结过程的质量控制方程为：

$$\frac{\partial}{\partial x}\left[\rho_w k(x,t,\varphi)\frac{\partial \Phi}{\partial x}\right] = \frac{\partial(\rho_w \theta_u)}{\partial \tau} + \Delta S \tag{1-4}$$

式中：x——空间坐标；

t——温度；

φ——土水势；

k——导湿系数，是空间、温度、土水势的函数；

Φ——总水头；

θ_u——未冻水含量；

τ——时间；

ΔS——单位时间内体积含冰量的变化。

总水头定义为：

$$\Phi = \varphi + G_a + G_z \tag{1-5}$$

式中：G_a——空气压力；

G_z——重力势，在水分迁移过程中，空气压力可忽略不计。

一维冻结过程的能量控制方程为：

$$\Phi\frac{\partial}{\partial x}\left[\lambda(x,t,\tau)\frac{\partial t}{\partial x}\right] - C_w\rho_w\frac{\partial(v_x t)}{\partial x} = \frac{\partial(\overline{C}t)}{\partial \tau} \tag{1-6}$$

式中：λ——导热系数，是空间坐标、温度、时间的函数；

C_w——水的体积比热容；

v_x——水流速度；

$\overline{C}$——等效体积比热容。

对于冻胀量的计算，水动力学模型认为，土体中的含冰量超过某一临界值，土体即产生冻胀，且冻胀量等于超出的冰体积。水动力学模型形式简单、计算方便，能够对土体冻结过程中的温度场、水分重分布进行研究，得到了广泛的应用和发展。

Harlan 模型尚存在不足之处：①未考虑外荷载对于土体冻结过程的影响；②分凝冰的出现会造成冻土结构间断，水动力学模型没有考虑分凝冰的形成；③简单地认为水分通量发散性最大对应的深度即为最暖分凝冰所在位置。

(4) 刚性冰模型

O'Neill 和 Miller 以冻胀计算为目的，以刚性孔隙饱和颗粒土为研究对象，建立刚性冰模型，提出了重结冰假设，即相变区内的孔隙冰与正在生长的分凝冰刚性连接，孔隙冰的移动速率与分凝冰的分凝速率相同。

土体一维冻结过程中，刚性冰模型的质量、能量控制方程分别为：

$$(\rho_i - \rho_w)\frac{\partial I}{\partial \tau} - \frac{\partial}{\partial x}\left[\frac{k}{g}\left(\frac{\partial u_{iw}}{\partial x} - \rho_w g\right) - \rho_i V_i I\right] = 0 \tag{1-7}$$

$$\sum(\rho c\theta)_n \frac{\partial t}{\partial \tau} - \frac{\partial}{\partial x}\left(K_{lt}\frac{\partial t}{\partial x}\right) - \rho_i L\left(\frac{\partial I}{\partial t} + V_i \frac{\partial I}{\partial x}\right) = 0 \tag{1-8}$$

式中：ρ_i——冰的密度；

$\quad\rho_w$——水的密度；

$\quad I$——土体单位体积含冰量；

$\quad k$——导湿系数；

$\quad g$——重力加速度；

$\quad u_{iw}$——冰、水相液差；

$\quad V_i$——冻胀速率；

$\quad K_{lt}$——导热系数；

$\quad L$——相变潜热。

刚性冰模型用来解决土体冻胀问题，可描述分凝冰的反复形成及生长过程，但其计算复杂，且在某些观点上存在争议：①刚性整体，以相同的冻胀速率移动。部分学者认为，孔隙冰也是一种固体颗粒，其作用与土颗粒类似，冻土中的应力状态与未冻土有所区别。②刚性冰模型所提出的分凝冰形成准则认为，等效孔隙压力大于外荷载时，土颗粒之间脱离接触，土骨架断裂。

（5）水热力耦合模型

Ladanyi 等基于耦合思路建立了水热力耦合模型，忽略重力作用及对流换热的影响，土体一维冻结过程中的质量、能量控制方程分别为：

$$\frac{\partial \theta_u}{\partial \tau} + \frac{\rho_i}{\rho_w}\frac{\partial \theta_i}{\partial \tau} = \frac{\partial}{\partial x}\left(k\frac{\partial u_w}{\partial x}\right) + \frac{\partial}{\partial z}\left(k\frac{\partial u_w}{\partial z}\right) \tag{1-9}$$

$$C\frac{\partial t}{\partial \tau} = \frac{\partial}{\partial x}\left(\lambda\frac{\partial t}{\partial x}\right) + \frac{\partial}{\partial z}\left(\lambda\frac{\partial t}{\partial z}\right) + L\rho_i\frac{\partial \theta_i}{\partial \tau} \tag{1-10}$$

式中：θ_u——土体单位体积含水率；

$\quad\rho_i$——冰的密度；

$\quad\rho_w$——水的密度；

$\quad\theta_i$——土体单位体积含冰量；

$\quad k$——导湿系数；

$\quad u_w$——孔隙水压力；

$\quad C$——比热容。

水热力耦合模型没有考虑分凝冰的形成及生长问题，对于冻胀的计算，采取了与水动力学模型相同的做法，即当冻结土体的单位体积含冰量大于某一临界值时，产生冻胀。

1.2.4 路基冻胀防治措施研究

国外方面，日本、法国、德国等国家对季节性冻土地区铁路防冻胀设计等问题进行了探索，从填料与结构两个方面提出了季节性冻土地区路基防冻胀结构。德国针对冻土地区提出了专门的防冻胀设计规程:以冻胀指数为季节性冻土地区路基设计依据,分成3个冰冻作用区;考虑其经济性和实用性,依据线路荷载等级及其允许运行速度等确定防冻层厚度,进行冻结层全部或部分抗冻设计;规定新建高速铁路干线冻结层完全抗冻,并根据50年最大冻结指数确定其最大设计冻结深度为70cm;认为粗粒土中粒径不大于0.06mm的含量小于5%时土体不冻胀,并采用在路基表层填筑细粒含量小于5%的砾石防冻胀结构来防止冻胀。法国在路基防冻胀层设计时,考虑冻结指数和线路等级确定防冻层厚度h,即$h \geqslant g\sqrt{I}$,I是冻结指数,h是包括道砟与对冻害不敏感的路基垫层(砂砾石混合料)厚度。法国防冻胀结构主要为垫层,其主要由防污染层、底基层和砟垫层组成。砟垫层由级配纯砾石($D=30$mm,D为砾石的粒径)组成,压实系数$K \geqslant 1.0$,在任何情况下都需要铺设砟垫层;底基层由级配纯砾石构成,压实系数$K \geqslant 0.95$,最小厚度150mm;防污染层可为一层纯砂或合成毡垫(可铺在路基表层,若含有扎坏或磨坏该层毡垫的成分,可把该毡垫放在砂层中间)。法国粗细颗粒以粒径0.08mm为界,当粒径小于0.08mm的细粒含量小于5%时土体不冻胀。日本则采用冻结指数推算冻结深度,在冻深范围内填筑不冻胀填料进行抗冻。

  20世纪50—60年代,我国季冻区公路发生的严重翻浆问题引起了交通等相关部门的重视,并开始着手开展系统的现场调查及冻胀试验研究工作。70年代中国科学院低温实验室建立了冻胀观测场,研究了外部约束对冻胀的抑制作用。中国科学院兰州冰川冻土研究所通过室内试验的深入研究,得出了有效超载应力增加导致土体中的水冰点下降进而土冻结时容积吸水率也递减的结论,并在1981年分析了起始冻胀含水率w_0及饱和度对冻胀的影响,并通过分析试验数据得出$w_0 = 0.8w_p$(w_p为土的塑限)。1983年,黑龙江省水利科学研究院研究了正常固结、欠固结、超固结对土体冻胀的影响,得出正常压密土体的冻胀线。为防止青藏铁路修建后多年冻土的退化给青藏铁路带来危害及保护高原生态环境,在青藏铁路修建过程中结合沿线冻土特点和气候特征,形成了片石冷气、碎石护坡、热泵、最小设计高度、隔热保温、挖除换填、冻土路堤加筋、排水等一整套适合青藏铁路特点的多年冻土路基成套关键技术,为解决高含冰量冻土地段工程的稳定性提供了科学的途径和方法。周有才在强冻胀性土区进行了中粗砂换填地基的防冻害现场试验,其研究证明当中粗砂层的温度低于0℃时,其颗粒间孔隙可供水晶自由增长,不能使骨架由于相对位移而产生冻胀,在地下水埋深小、冻结期地下水位在冻结线下的强冻胀土区,采用中粗砂换填地基以减小作用于基础冻胀力的措施是很有效的。徐学祖等通过边界温度恒定的岩盘冻胀试验,提出冻结缘的厚度取决于冻结速度和冻胀速度两个变量且具有随冻结历时增大、恒定和减小三种模式。辛平分析了国道213合作市—郎木寺段原有公路病害类型及机理,讨论了防治道路冻胀、翻浆和路基沉降病害的砂砾换填、抛石挤淤、铺设土工布等工程措施及其效果。康军等分析了甘肃省道路冰锥的分布、发生机理及危害,并介绍了在国道213合作市—郎木寺改建工程中采用的提高路基、排水沟与涵洞结合、渗水盲沟及改变水流方向等防治道路冰锥的措施。黑龙江省交通科学研究所戴惠民等在庆安冻土科学试验场修筑足尺专用试验路,并对气温、路基温度、冻结深度、路面总冻胀、路面不均匀冻胀、地下水位、路基含水率和土基、垫层、底基层、基层的回弹模量等进行了长期观测,得出了黑龙江省水泥混凝土路面容许不均匀冻胀值与容许总冻胀值,提出了粉性土路基在不同湿度下的路面抗冻厚度。吴紫汪等采用现场钻探的方式研究了青藏公路沿线路堤高度与路段病害的关系,考虑了区内冻土明显退化的现实与高级路面对路基变形的要求,在全面分析路堤下冻土上限的升降规律基础上,得出了高海拔冻土区水泥混凝土路面路堤高度应为 2.0m,砂砾路面路堤高度应为 1.6m 的结论。吉林省公路勘测设计院等单位通过研究提出了东北季节性冰冻地区冻胀翻浆防治措施和路基干湿类型划分方法,以及半刚性基层材料的抗冻性、收缩性指标及改善其性能的技术措施;同时提出了适合东北季节性冰冻地区的沥青路面结构组合的优化形式。西南交通大学对国道 213 郎木寺—川主寺段季节性冻土路基稳定性进行了研究,通过现场测试、室内模型试验和数值模拟,提出了高寒季节性冻土地区防冻融的路堤最小设计高度和隔离层的设计参数。长安大学基于黑龙江省鸡讷公路试验路段的路基温度场测试,建立了路基湿度-温度-荷载耦合数学模型,分析了路基土体中水、热、力的动态变化规律,研究了水泥混凝土道路的冻深及其影响规律。

在冻胀的防治环节首先要对填料进行评价,土的冻胀性分类是其冻胀评价的前提。欧美国家在进行冻胀分类时,多以工程实用为目的,基本局限于判别土冻胀的可能性,对土质进行冻胀敏感性分类。其中对粗粒土的冻胀分类主要有:以粒径小于 0.074mm 的细粒含量单一指标判别土的冻胀性;采用不同粒组组合判别土的冻胀性;采用土的粒径分布图划分土的冻胀性;以土质和外界条件综合考虑土的冻胀性,不考虑初始含水率、地下水和温度等外界影响因素;细粒土的冻胀性通常通过塑性指数、稠度、粒径分布以及冻胀模数等指标进行判别。

我国各行业已有了土的冻胀分类标准,如水利部门采用冻胀量 Δh 得出冻胀等级,其他部门大多以冻胀率 η 为依据。因为土体冻胀的影响因素复杂多样,对水文和气候条件的依赖性较强,判别土体冻胀性的随机性较强,其分类方面存在着如下问题。

冻胀率反映土的相对冻胀量,它可按冻深计算或通过现场测定得出。冻胀率 η 主要是根据尺寸、温度、水分等室内试验条件测出其"冻胀量"然后计算得出,无法模拟现场冻结实际过程,将其结果直接用于形成冻胀预报会有一定的误差。如冻胀率 η 一定时,因其与冻深有关,冻结深的地区按 η 可能划分为"弱冻胀土",但由于冻深较大,对应冻胀量也大,对冻胀敏感性强的工程可能会产生严重的冻胀破坏;按 η 划分为"强冻胀土",对于冻深小的区域,冻胀量也小,实际上对工程难以产生较大危害。因此,因冻胀率 η 反映不全面,用于实际工程中有一定的难度。

国内外解决路基填料冻胀的分类方案多数沿用普速铁路路基冻胀处理方式,目前专门从填料冻胀机理认识上,针对寒区高速铁路轨道高平顺性的冻胀敏感性评价方法仍处于空白状态,随着季节性冻土地区大规模高速铁路建设,为保障其安全、高效的运行,掌握路基填料冻胀评价方法显得尤为重要。

另外一个冻胀防治很重要的步骤就是微冻胀填料冻胀试验方法,以往路基填料冻胀研究主要集中于细颗粒土冻胀方面,在现场监测、理论分析、室内试验方面都取得了一定的成果和进展。对于一般建(构)筑物粗粒土微冻胀填料的冻胀变形量不足以影响其使用安全,所以鲜于研究其冻胀性,但对于轨道状态平顺性严格要求的高速铁路路基,则有必要研究粗粒土填料的冻胀性。对粗粒土冻胀性的研究前期多集中在试验方面,粗粒土整体冻胀变形小,因此微冻胀填料冻胀试验精度达不到要求,加之数据具有离散性,并且变异性较大,对于掌握此类土的冻胀特性及冻胀机理影响较大,需要提高粗粒土的冻胀试验精度。目前冻胀试验试样小,因尺寸效应造成的试验误差大,采用微冻胀填料直接进行冻胀试验是否可靠有待于进一步探索。

对于目前高速铁路大量采用的细颗粒含量少的粗粒土,由于其冻胀系数小于1,在以往的研究中属于不冻胀土。相关的机理不能适用于此类填料。对寒区高速铁路路基填料的设计、养护维修还处于摸索阶段,以哈大高速铁路的养护维修为例,目前依靠大量的人力物力调整轨道结构状态,但仍不能完全保证高速列车的平稳舒适运行。微冻胀填料防冻胀设计仍处于无标准可依与无经验可鉴的状态。所以需研究微冻胀填料冻胀机理,掌握微冻胀填料内在冻胀机制,包括细粒组分冻胀微观发展机制、细颗粒冻胀与粗颗粒骨架的相互作用机制、微冻胀情况下冻胀变形量化模型等。

1.3 本书主要内容

本书针对寒区高速铁路高平顺性对路基冻胀量的严格控制要求,采用理论分析、室内试验和数值仿真相结合的研究方法,对微冻胀填料中填充料冻胀的微观发育过程、填充料冻胀与骨架颗粒相互作用机理开展深入研究。采用微观到宏观、理论-试验-现场结合的方法,分析级配、压实程度对微冻胀填料中填充料在骨架颗粒中的分布特性及其对水分微迁移的影响,研究填充料分布位置对其冻胀引起相邻骨架颗粒微位移的作用规律,分析级配、骨架颗粒形状等参数对骨架颗粒间咬合力的影响特点,从本质上把握微冻胀填料产生冻胀变形的内在属性;研究微冻胀填料中填充料冻胀的微观发育机制及填充料冻胀与骨架颗粒的相互作用机理,建立基于多因素条件下微冻胀填料的冻胀变形分析模型。

主要内容包括:

(1)微冻胀填料中填充料冻胀的微观发育机制

针对寒区高速铁路主要填料微冻胀填料,分析填充料在骨架颗粒中的分布特性;研究冻结过程中填充料在骨架颗粒中的分布对水分微迁移的影响机制;研究冻结过程中填充料冻胀在骨架颗粒中的微观发育机制。

(2)填充料冻胀与骨架颗粒的相互作用机理

分析级配和压实程度对填充料在混合料骨架颗粒中分布的影响规律,研究填充料分布位置对其冻胀引起相邻骨架颗粒微位移的作用规律,揭示混合料中填充料冻胀对骨架颗粒的挤胀效应;分析级配、骨架颗粒形状等参数对骨架颗粒间咬合力的影响特点,揭示颗粒骨架结构对填充料冻胀的抑制效应。

(3)基于骨架颗粒与填充料相互作用的填料冻胀变形分析模型

基于微冻胀填料中填充料冻胀的微观发育机制及填充料冻胀与骨架颗粒的相互作用机理,研究填充料膨胀率、含量、冻前含水率、内摩擦角和黏聚力、混合料密度、骨架颗粒密度、初始填充率、相对密度、水的密度、上部荷载等因素作用下微冻胀填料冻胀的因素效应和规律,建立基于多因素条件下微冻胀填料冻胀变形分析模型。

(4)基于骨架颗粒与填充料相互作用的微冻胀填料冻胀评价与试验方法

建立了微冻胀填料冻胀敏感性分析评价与试验方法。以填料中粒径 2mm 以下的填充料的冻胀试验为基础,综合粗粒骨架的孔隙及充填状态,按所推导的微冻胀填料冻胀计算公式分析计算和评价微冻胀填料的冻胀性。将传统意义的"不冻胀"填料细分为 6 等级。

(5)基于骨架颗粒与填充料相互作用的高速铁路防冻胀填料建议

分析铁路路基防冻胀设计方法,提出高速铁路基床表层填料选择步骤与级配确定流程。针对微冻胀填料冻胀模型,防冻胀填料的选择可以通过适当减小混合料不均匀系数以达到高速铁路路基防冻胀的目的。综合分析高速铁路基床表层填料的关键参数与指标,提出寒区高速铁路微冻胀填料试验方法与填料建议,并结合典型工程实践介绍了综合技术处治措施的应用效果。

本书介绍的研究成果是土体冻胀理论发展和完善的重要补充,是高速铁路路基防冻胀结构精细化设计理论研究的前提,是寒区高速列车安全舒适运行的技术保障,较好地解决了寒区高速铁路路基冻胀核心问题,对于确保寒区高速铁路安全、平稳运行具有重要的现实意义,对我国寒区高速铁路建设中路基结构优化和维护整治具有重要的科学意义。同时,也可为寒区公路、机场等交通基础设施防冻胀设计与维护整治提供理论参考。

第 2 章

微冻胀填料冻胀特点研究

2.1　高速铁路路基填料冻胀特点

目前建设的高速铁路在冻深范围内填料采用传统意义上的不冻胀填料,普遍产生了一定的冻胀量,绝大部分冻胀量为 0~4mm,冻胀量的大小与细颗粒的含量、降水下渗、水的疏排和地下水状况有关。

2.1.1　高速铁路路基填料冻胀变形特点

以哈大(哈尔滨—大连)高速铁路为例,我国冻土区高速铁路路基基床填料分布情况为:一般路堤基床表层填筑55cm厚的级配碎石,以下依次为5cm厚的中粗砂、2.1m厚的A、B组土,其中冻深影响范围内填筑非冻胀A、B组土,基床以下填筑A、B、C组土;高路堤基床底层上部1.0m范围填筑非冻胀性A、B组填料,下部根据沿线填料分布情况填筑A、B组填料;低路堤基床表层填筑级配碎石,基床底层上部1m范围填筑非冻胀性A、B组填料,下部填筑A、B组填料。为预防地下毛细水向上迁移与地表水渗入,基床底层下部换填处铺设复合防渗土工膜,级配碎石层的含水率为3.2%~5.9%,细颗粒含量为3.2%~10.7%,下部非冻胀土填料的含水率一般为3.7%~9.2%,细颗粒含量为0.4%~9.3%;路堑基床表层换填55cm厚的级配碎石,当挖方地段基床范围内为冻胀性土或风化软质岩时,对基床厚度范围进行挖除换填;基床表层采用级配碎石,基床底层上部1m范围内填筑非冻胀性A、B组填料,其下采用A、B组填料,并在换填底部铺设一层防渗复合土工膜。级配碎石层的含水率为2.2%~3.2%,细颗粒含量为8.0%~15.1%;下部非冻胀土填料的含水率一般为3.7%~9.2%,细颗粒含量为10.9%~16.9%。基床表层级配碎石细粒含量偏高,基床底层防冻层细粒含量、含水率偏高。

根据调查,我国东北地区雨季主要集中在 6—8 月,雨量集中,降水渗入铁路路基,高速铁路基床表层大多采用级配碎石等粗粒料,其渗透系数不大,而且路基两侧设置有电缆槽、接触网支柱等设施的路肩挡住基床表层雨水横向排出。一般高速铁路路基基床表层设置两布一膜不透水土工布,而且基床底层填料为细粒含量较高的A、B组土,基床表层持有水很难往路基下部渗漏,土体在低温情况下不易产生水分迁移,因此,基床表层富水为基床冻胀提供了条件。

哈大高速铁路全线路基普遍发生了不同程度的冻胀变形,但绝大部分变形不大。路基冻胀变形观测数据见表2-1。根据水准观测,冻胀量≤4mm 的测点占61.07%,≤6mm 的测点占78.23%,≤8mm 的测点占 88.29%,(8,10] mm 的测点占 5.5%,(10,12] mm 的测点占3.07%,≥12mm 的测点占3.14%。冻胀变形不是很大,大部分为4mm 左右,但由于高速铁路轨道的平顺性要求,这样的冻胀值是不满足要求的。

路基冻胀变形统计表　　　　　　　表 2-1

变形值 (mm)	路基结构	凸台测点 (个)	1~2 周期数据		1~3 周期数据		2~3 周期数据	
			数量(个)	比例(%)	数量(个)	比例(%)	数量(个)	比例(%)
<4	全线	9641	5863	60.81	5888	61.07	9353	97.01
4~6			1869	19.39	1654	17.16	203	2.11
6~8			925	9.59	970	10.06	61	0.63
8~10			519	5.38	530	5.50	17	0.18
10~12			253	2.62	296	3.07	5	0.05
>12			212	2.20	303	3.14	2	0.02

路基冻胀规律方面，铁科院在哈大高速铁路沿线布置了路基冻胀长期监测点，宏观上掌握了路基冻胀规律，得到了主要影响因素。总结出路基冻胀经历初始波动冻胀、快速冻胀、低速平稳冻胀、波动融沉和融沉稳定五个阶段的特点；统计了冻胀沿冻深的分布，得出了冻胀 70% 分布在基床表层范围内的结论。

2.1.2 填料冻胀与细颗粒含量关系分析

以哈大高速铁路为例，2012 年 3—5 月，通过现场钻探取样进行室内试验，分析细颗粒含量。由沿线取样点基床范围内细粒含量测试结果可知：许多工点基床表层细粒含量超过 10%，基床底层细粒含量超过 20%，比设计要求明显偏高。根据现场监测数据分析了基床范围内细粒含量与该层平均冻胀量的关系，沿线分布情况如图 2-1 与图 2-2 所示。

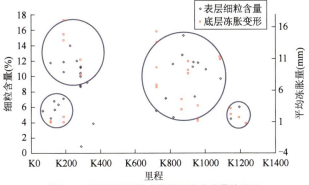

图 2-1　基床表层细粒含量与平均冻胀量的关系

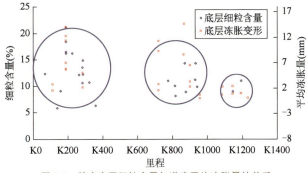

图 2-2　基床底层细粒含量与道床平均冻胀量的关系

由上图可知,细粒含量对路基冻胀有重要的影响,路基冻胀量和细粒含量存在较好的相关性,冻胀量较大的区段其细粒含量较大。由此可知,可以考虑通过控制基床表层和基床底层细粒含量来控制路基冻胀。

总体上,当隔水层上部的基床表层细颗粒含量在5%以内时,其冻胀量基本上不超过4mm;当隔水层下部的防冻层细颗粒含量在12%以内时,其冻胀量基本上不超过5mm。这与哈大高速铁路路基设置的两布一膜的隔水作用和上部冻结路基对下部冻胀的约束作用密切相关。

通过对哈大高速铁路冻胀情况及冻胀原因进行调研,可以发现,发生较大冻胀量的地段基本采用的是《铁路特殊路基设计规范》(TB 10035—2018)规定的不冻胀填料的疏排防渗防冻胀结构。发生冻胀的主要原因为路基防水封闭层失效或部分失效,引起大气降水入渗,导致路基冬季产生冻胀。哈大高速铁路基床表层填料为细粒含量施工后细颗粒含量小于7%的级配碎石,基床底层冻深范围内填筑黏土质量不大于15%的粗颗粒土(包括碎石类土、砾、粗、中砂)或粉黏粒质量不大于10%的细砂。根据《铁路特殊路基设计规范》(TB 10035—2018)对季节性冻土的冻胀分级,这些填料的冻胀等级均为Ⅰ级不冻胀,平均冻胀率小于1,且对冻前天然含水率和地下水影响均不予考虑。但东北地区高速铁路路基冻结深度最大达3m,如果将1%作为填料不冻胀的控制标准,其产生的冻胀变形量将无法满足无砟轨道变形控制要求。另外,《铁路特殊路基设计规范》(TB 10035—2018)关于季节性冻土冻胀分级的对象为天然条件下产生的冻土(简称"天然冻土"),而非人工压实的填料(简称"填料"),天然冻土的天然密度较填料小,即其孔隙率偏大,而填料为高压密状态,在相同含水率条件下填料的冻胀量比天然冻土大。因此,有必要研究微冻胀填料的结构特征与冻胀特点。

由于现场试验条件的局限,为进一步掌握微冻胀填料冻胀因素与冻胀之间的影响规律及关系,需要通过现场取样开展室内填料冻胀试验。

2.2　典型微冻胀填料土性试验

针对冻土区高速铁路路基填料及其冻胀特点,通过室内微冻胀填料进行填料冻胀试验、基本物性试验以及填充料冻胀试验,得到土的细粒含量、密实度、含水率、土的渗透性、细颗粒充填粗颗粒孔隙情况等对粗粒土冻胀性的影响规律。

2.2.1　典型微冻胀填料土性试验

选择典型寒区路基土样从含水率、液限、塑限、颗粒分析等方面对填充料和填料进行土性试验,为分析不同因素对填料冻胀的影响程度奠定基础。

1）填充料液塑限试验

填充料因含水率不同,处于流动、可塑、半固体与固体等状态。液限是填充料细粒呈可塑状态的上限含水率,塑限是填充料细粒呈现可塑状态的下限含水率。试验测定细粒土的液限和塑限,用作计算土的塑性指数和液性指数,可作为填充料土性的评价依据。试验采用液塑限联合测定法。

2）颗粒分析试验

为测定微冻胀填料中粗粒土各粒组干土质量占总质量的百分数,采用筛析法进行颗粒分析,即利用孔径不同的标准筛来分离土料中的颗粒,计算各粒组的相对含量,确定土的粒度成分。

3）击实试验

对于路基来说,压实度是确保路基填筑质量的控制性指标,同时,还是影响填料冻胀性的一个重要影响因素。资料表明,在其他条件相同的情况下,细粒土冻胀会随着压实度的增加而增加,但当压实度增加到某一数值后,冻胀量将达到某一最大值,其后随着压实度的增加冻胀量随之减小。本节将研究填料(粗粒土、细粒土)密实程度对冻胀性的影响。

压实度可以通过下式求得:

$$K = \frac{\gamma}{\gamma_{\max}} \tag{2-1}$$

式中:γ——现场填土干重度;

$\gamma_{\max}$——标准击实试验得出的最大干重度。

土的最大干重度一般通过室内击实试验获得,击实试验可以分为重型击实试验与轻型击实试验两种,本节试验采用的是击实功为 $2515.5 kJ/m^3$ 的重型击实试验,重型击实具体参数见表2-2。各种土的击实试验结果见表2-3。

击实试验参数　　　　　　　　　　表2-2

试验方法	锤质量（kg）	锤底直径（mm）	落距（mm）	击实筒直径（mm）	击实筒高度（mm）	击实筒体积（cm³）	层数	每层击数	单位体积击实功（kJ/m³）
重型击实试验	4.5	50	450	150	125	2209	5	56	2515.5

击实试验结果　　　　　　　　　　表2-3

试验室编号	土样名称	最大干密度（g/cm³）	最佳含水率（%）
1	P角砾	2.294	5.0
2	P角砾	2.294	4.8
3	W粗砾	2.310	5.0
4	W细砾	2.330	5.5
5	W细砾	2.310	4.5
6	W细砾	2.310	6.4

续上表

试验室编号	土样名称	最大干密度(g/cm^3)	最佳含水率(%)
7	W 砾砂	2.320	4.5
8	P 砾砂	2.360	6.9
9	W 砾砂	2.310	4.0
10	W 砾砂	2.330	5.5
11	W 砾砂	2.290	4.5
12	W 砾砂	2.290	4.0
13	细砂	2.180	9.5
14	粉黏土	1.732	16.2
15	砂黏土	1.870	16.2
16	W 粗砾	2.300	7.6
17	W 粗砾	2.310	7.6
18	W 粗砾	2.300	5.6
19	P 粗砾	2.360	6.5
20	P 粗砾	2.360	4.6
21	W 粗砾	1.890	5.5
22	W 粗砾	1.890	6.5
23	W 粗砾	2.050	5.5
24	W 细砾	2.310	5.5
25	W 细砾	2.110	6.0
26	W 细砾	2.110	9.5
27	W 砾砂	2.105	5.5
28	W 砾砂	2.110	5.0
29	W 粗砂	2.110	11.5
30	W 中砂	1.980	9.0
31	P 中砂	1.980	9.0
32	W 中砂	2.000	9.2
33	P 中砂	2.050	9.4
34	P 中砂	2.050	9.4
35	细砂	1.890	9.2
36	细砂	1.990	10.5
37	细砂	1.950	9.2
38	粉土	1.940	15.4
39	黏土	1.870	15.5
40	黏土	1.940	11.2
41	黏土	1.732	16.2

2.2.2 微冻胀填料冻胀试验

1）自然持水试验

由前文可知水是引起土体冻胀的主要因素之一。因此，研究土的持水性能即土体中水分随时间变化可以对土的冻胀性能进行定性的评价，此次持水试验为模拟微冻胀填料的自然持水能力。

(1) 试验方法

微冻胀填料持水试验是将制备好的试样浸没于水中，使土样完全饱和，然后将试样从水中取出，测试自然状况下土中水分随时间的变化关系。

(2) 试验仪器

本试验仪器包括静水天平、试样筒、秒表、分析筛、案称等。其中，试样筒内径 15cm，高 15cm；案称称量 10kg，分度值 5g；试筒直径 15cm、高 15cm、壁厚 1cm，筒壁沿高度方向每隔 3cm 布置一泄水孔，同一高度位置沿环周围对称布置 4 个泄水孔，如图 2-3 所示。

图 2-3 持水率试验装置组成示意图

1-静水天平；2-挂绳；3-顶板；4-泄水孔；5-试筒；6-底板

(3) 试验步骤

根据击实试验结果，配制满足规范的试样，拌和均匀后放置 8h。将试筒上泄水孔用浸湿的滤纸贴上，防止细颗粒流失，称出"湿滤纸 + 桶 + 挂绳"的总质量 M_1。将配制好的土样按压实标准分 5 层击入试筒中，测试配制土样含水率 w_1，称出"试筒 + 土样"的总质量 M_2。将装满土样的试筒完全浸入水中，持续时间 2h。将浸泡好的试样缓慢提出水面，并挂于静水天平底部的挂钩上。记录不同时间时天平读数，刚开始每 5s 读一个数 M_{3i}，0.5h 后每 5min 读一个数，随着时间的延长可放大读数间隔，当 10min 内试样质量变化不超过 1g 时停止试验。计算并绘制试样含水率与时间的关系曲线，曲线趋于水平时的含水率即为土样持水率，持水试验如图 2-4 所示。

图 2-4 持水试验示意图

干土质量计算公式如下：

$$M_{\text{干}} = \frac{M_2 - M_1}{1 + w_1} \quad (2-2)$$

第 i 秒时含水率计算公式如下：

$$w_i = \frac{M_{3i} - M_1}{W_{\text{干}}} \times 100\% + w_1 \quad (2-3)$$

2）填充料冻胀试验

填充料冻胀试验采用黏土和粉土两种细粒土做冻胀变形试验。

(1) 试验方法

制备高度为 5cm 的土样放入恒温室的试样盒内，接着把热敏电阻传感器由筒边上的测温孔插入试样中，然后在筒的外侧包裹 50mm 厚的泡沫塑料进行保温。顶板和底板的温度分别由两台高精度低温循环冷浴控制，并在顶板上安置百分表。最后通过数据采集仪自动采集试样温度。每个试样试验历时 72h，冻结过程由上而下进行。试验开始时使土柱温度恒定为 1℃ 左右并保持 6h，接着保证底板温度为 1℃ 不变，调整顶板温度 -15℃，并持续 0.5h 左右，迅速从土样顶面冻结，然后将顶板温度调到 -2℃，以后使顶板温度每 1h 以一定的温度梯度降低，黏土温度降低梯度为 0.3℃/h，砂土温度降低梯度为 0.2℃/h。试验结束后在低温实验室内对土样进行分层测定含水率。

试验分为开敞和封闭两种情况，当考虑冻结期间水分补给时，打开供水装置，反之则切断供水装置。

(2) 试验仪器

试验装置由温度控制系统、试样盒、温度监测系统、恒温箱、供水系统和变形监测系统组成。试样盒由内径 150mm、壁厚 10mm 的有机玻璃筒和配套的顶板与底板组成，有机玻璃筒每隔 10mm 设置热敏电阻传感器插入孔。顶板与底板可提供恒温液循环使板面温度均匀。恒温箱为低温冷冻室，通过热敏电阻温度计和温度控制仪使试验期间箱温保持在 (1 ± 0.5)℃。补水系统由恒定水位装置通过塑料管与底板连接，水位应低于底板与土样接触面 1cm。变形监测系统采用量程 30mm 且最小分度值为 0.01mm 的百分表。温度控制系统可提供低温循环浴和温度控制，为美国生产的 NESLAB 低温恒温箱。温度监测系统主要监测试验过程中土样、顶板和底板的温度，由热敏铂电阻传感器、DATATAKE 数据采集仪和计算机组成，其中热敏电阻传感器的测温精度为 ±0.01℃。冻胀试验系统如图 2-5 所示。

(3) 操作步骤

①土样配制。称取风干土样，加纯水拌和至需要的含水率，搅拌均匀，用塑料袋密封，静置 8h。

②在有机玻璃试样盒内壁涂上一薄层凡士林，放在底板上并放一张滤纸，然后装上顶板，将土样按标准压实度分 5 层击入试样盒内，将两层交界面的土面刮毛，并测试土样的初始含

水率。

③在试样顶面放一张滤纸,然后放上冷浴板,并稍稍用力,以使土样与冷浴板接触紧密。

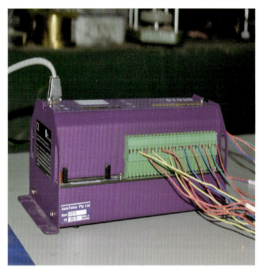

a)DATATAKE数据采集仪

b)试样盒及其外面保温材料

c)温度控制系统

d)试验用高低温箱

图 2-5 冻胀试验系统

④将盛有试样的试样盒放入恒温箱内,在试样周侧、顶板、底板内放入热敏电阻温度计。试样周侧包裹5cm厚的泡沫塑料保温,连接冷浴循环管路及底板补水管路,供水并排除底板内气泡,调节供水装置水位(若考虑无水源补充状态,可切断供水)。安装百分表或位移传感器。

⑤开启恒温箱、试样顶板冷浴,设定恒温箱内温度为1℃、试样顶板冷浴温度为1℃。

⑥试样恒温6h,并监测温度和变形。待试样初始温度均匀达到1℃以后,开始试验。

⑦将冷浴温度调节至-15℃,持续0.5h;从土样顶面冻结;将顶板温度调节至-2℃,按照0.2℃/h的速度下降。保持箱温和底板温度均为1℃,记录初始水位。每隔1h记录水位、温度

和变形量各 1 次。试验持续 72h。

微冻胀填料冻胀率应按下式计算。

$$\eta = \frac{\Delta h}{H_\mathrm{f}} \times 100\% \tag{2-4}$$

式中：η——冻胀率；

Δh——试样总冻胀量(mm)；

H_f——冻结深度(不包括冻胀量)(mm)。

3）微冻胀填料冻胀试验

如前所述，引起土体冻胀的因素很多，包括土质、含水率、温度、土体密实程度、细粒含量等。本试验将从含水率、土体密实程度、细颗粒含量、级配、外荷载影响等方面分析土的冻胀特性，研究上述因素变化引起土体冻胀的变化规律，进一步分析相关因素对填料冻胀的影响程度，为寒区铁路冻胀结构设计及相关参数设计提供依据。填料均采用现场取样及室内配制的方法获得，其中粗粒土试验按一定级配配制粗骨料，通过改变骨料中细粒含量配制不同的土样。

(1) 试验方法

对于填料，采用直径 15cm、高 15cm 的试样盒进行试验。首先将土按规定含水率进行配置，然后将试样按一定密实度分层装入试样盒内，并在试样盒盒壁上涂抹黄油。在试样盒周围采用聚苯乙烯保温材料进行保温。在试样顶部安装位移传感器测试土的冻胀变形。土体内部埋设温度传感器，并通过数据采集仪自动采集试样温度，试验采用单向冻结方式。

试验分为开敞和封闭两种情况。当考虑冻结期间水分补给时，打开供水装置；反之，则切断供水装置。微冻胀填料冻胀试验包括填充料含量为 1%、3%、5% 的填料试验，上覆荷载为 5kPa、10kPa、20kPa、30kPa、40kPa、55kPa、65kPa、80kPa 且填充料含量 10% 的填料冻胀试验，以及级配调整的填料冻胀试验。以上就是含水率不同的填料冻胀试验。

(2) 试验仪器

微冻胀填料试验装置由试样盒、恒温箱、温度监测系统、温度控制系统、变形监测系统、补水系统及加压系统组成。试样盒侧壁为内径 15cm、壁厚 1cm、高 15cm 的有机玻璃筒，沿高度每隔 30mm 设热敏电阻温度计插入孔，底板和顶盖结构能够提供恒温液和外界水分补充通道，如图 2-6 所示。

恒温箱容积不小于 $0.8\mathrm{m}^3$，内设冷液循环管路和加热器，通过热敏电阻温度计和温度控制仪相连，使试验期

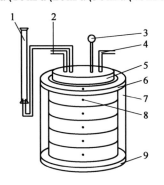

图 2-6 试样盒组成示意图

1-供水装置；2-低温循环液入口；3-百分表；4-低温循环液出口；5-冷浴板；6-顶板；7-保温材料；8-热敏电阻测温点；9-底板

间箱温保持在(1 ± 0.5)℃。

（3）操作步骤

微冻胀填料冻胀试验参照填充料冻胀试验操作步骤。

4）细颗粒含量对微冻胀填料冻胀影响试验

当填料中粒径小于0.075mm的粉、黏粒成分含量很小时，填料不会发生冻胀或冻胀量很小，但随着填料中细颗粒含量的逐渐增加，土的冻胀性会逐渐增加。采用15组含水率为7.1%左右的填料进行冻胀试验，根据试验结果绘制填料细颗粒含量与冻胀率的关系图，如图2-7所示。

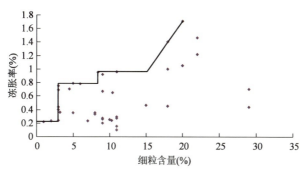

图2-7 细颗粒含量与冻胀的关系图

由图2-7可知，填料冻胀性随着细颗粒含量的增加逐渐增加，细颗粒含量小于3%时，填料的冻胀率为0.2%左右；细颗粒含量小于15%时，填料冻胀率小于1.0%，归为弱冻胀性土；细颗粒含量大于15%时，土体冻胀敏感性随着细颗粒含量的增加显著增加。因此，即使细颗粒含量很低（低于3%），也有一定量的冻胀。

5）级配对微冻胀填料冻胀影响试验

为研究填充料含量对基床表层级配碎石填料冻胀性能的影响，进行了35组不同填充料含量的级配碎石冻胀试验，两者之间影响关系如图2-8所示。

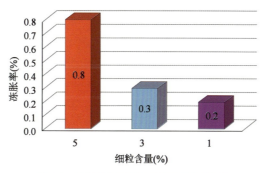

图2-8 填充料含量对级配碎石冻胀的影响

由图2-8可以看出，随着砾以下填充料的减少，填料的冻胀率逐渐减小。

6）含水率对微冻胀填料冻胀影响试验

水是引起土体冻胀的三个主要因素之一。本试验分析了填充料塑限、最佳含水率与冻胀率的关系。微冻胀填料的含水率与冻胀率关系的结果如下：

（1）塑限与冻胀率的关系

表2-4 为塑限与冻胀率的关系，根据表2-4 绘制了试验含水率与塑限之差 $w-w_p$ 与冻胀率 η 的关系图，如图2-9 所示。

塑限与冻胀率的关系　　　　　　　表2-4

编号	塑限 w_p(%)	试验 w(%)	$w-w_p$(%)	冻胀率 η(%)
1	19.2	18.5	-0.7	0.27
2	19.2	20.5	1.3	0.44
3	17.0	14.3	-2.7	0
4	17.0	16.3	-0.7	0
5	13.8	10.5	-3.3	0.02
6	15.1	14.9	-0.2	0
7	22.2	18.5	-3.7	0.16
8	22.2	15.3	-6.9	0.18
9	22.2	18.1	-4.1	0.58
10	22.2	18.1	-4.1	0.31
11	15.0	15.8	0.8	0.04
12	15.0	17.1	2.1	1.65
13	15.0	17.1	2.1	1.98
14	15.0	19.7	4.7	3.13
15	12.7	9.5	-3.2	0
16	12.7	11.5	-1.2	0

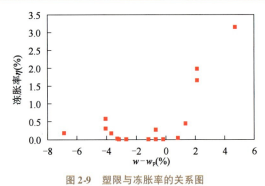

图2-9　塑限与冻胀率的关系图

由图 2-9 可以看出，在 $w - w_p \leq 2\%$ 时，土的冻胀率很小，一般 $\eta < 1$，属于弱冻胀；但当含水率继续增加，土的冻胀率显著增加，由此可以得出以下结论：

对于细粒土来说，当含水率 $w \leq w_p + 2\%$ 时，属于弱冻胀土。

（2）最佳含水率与冻胀率的关系

表 2-5 为最佳含水率和冻胀率的关系，据此表绘制试验含水率与最佳含水率之差 $w - w_0$ 同冻胀率 η 的关系图，如图 2-10 所示。

最佳含水率和冻胀率的关系　　　　　　表 2-5

编号	试验含水率 $w(\%)$	最佳含水率 $w_o(\%)$	$w - w_o(\%)$	冻胀率 $\eta(\%)$
1	18.5	16.2	2.3	0.27
2	20.5	16.2	4.3	0.44
3	14.3	13.2	1.1	0
4	16.3	13.2	3.1	0
5	10.5	9.3	1.2	0.02
6	14.9	14.8	0.1	0
7	18.5	15.5	3	0.16
8	18.1	15.5	2.6	0.58
9	18.1	15.5	2.6	0.31
10	15.8	11.2	4.6	0
11	15.8	11.2	4.6	0.04
12	17.1	11.2	5.9	1.65
13	17.1	11.2	5.9	1.98
14	19.7	11.2	8.5	3.13

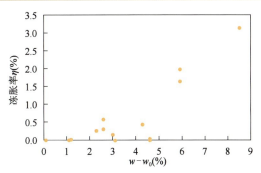

图 2-10　最佳含水率与冻胀率的关系图

由表 2-5 与图 2-10 可以看出，当 $w - w_0 \leq 4.6\%$ 时，土的冻胀率很小，属于不冻胀土；但含水率继续增加时，土的冻胀将显著增加，由此可以得出以下结论：

当土的含水率 $w \leq w_0 + 4.6\%$ 时，属于弱冻胀性土。

（3）体积含水率与冻胀关系

体积含水率是指土体中水的体积与土体的总体积的比值，用式（2-5）计算。

$$\theta = \frac{V_w}{V} \tag{2-5}$$

式中：θ——体积含水率；

V_w——水的体积；

V——总体积。

根据式(2-5)计算出各个试样的体积含水率。表2-6列出了各个试样体积含水率与冻胀率的关系。根据表2-6绘制出体积含水率与冻胀率关系图，如图2-11所示。

体积含水率与冻胀率的关系　　表2-6

编号	体积含水率(%)	冻胀率 η(%)	编号	体积含水率(%)	冻胀率 η(%)
1	7.39	0.00	29	21.85	0.69
2	8.26	0.00	30	11.01	0.45
3	13.17	0.32	31	14.24	0.67
4	11.07	0.24	32	9.60	0.25
5	6.80	0.10	33	7.02	0.27
6	13.61	0.24	34	22.75	0.33
7	10.97	0.11	35	17.49	1.16
8	9.13	0.36	36	17.49	1.14
9	13.90	0.40	37	16.04	1.22
10	7.68	0.14	38	16.57	1.46
11	9.96	0.30	39	17.10	1.05
12	5.15	0.00	40	15.31	0.44
13	6.39	0.05	41	18.27	0.70
14	17.60	0.21	42	17.94	0.26
15	19.46	0.25	43	19.29	0.46
16	16.61	0.54	44	12.66	0.36
17	15.80	0.62	45	10.74	0.22
18	16.61	0.70	46	17.78	0.75
19	15.80	0.95	47	15.49	0.79
20	5.78	0.24	48	13.83	0.40
21	14.87	0.65	49	18.21	1.30
22	5.83	0.10	50	18.21	1.00
23	5.52	0.35	51	14.48	0.96
24	14.12	0.15	52	19.28	0.92
25	5.95	0.29	53	11.85	0.24
26	12.59	0.27	54	15.27	0.78
27	9.74	0.05	55	11.34	0.35
28	8.30	0.10	56	10.31	0.23

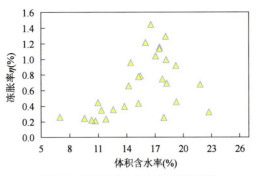

图 2-11 体积含水率与冻胀率的关系图

由图 2-11 可知,体积含水率小于 12% 时,土体冻胀率随体积含水率变化不敏感,体积含水率大于 12% 时,随着体积含水率的增加土体冻胀显著增加。

(4)饱水与封闭系统与冻胀关系

通过比较封闭与饱水状态下土体的冻胀敏感性,进而研究填充料含量对填料冻胀敏感性的影响。表 2-7 列出了 15 组试样在饱水与封闭系统下填充料的冻胀率。

饱水与封闭系统下填充料的冻胀率　　　　表 2-7

编号	填充料含量(%)	冻胀率 η(%)	
		封闭系统	饱水系统
1	3.2	0.00	0.36
2	1.0	0.00	0.22
3	3.0	0.32	0.75
4	5.0	0.24	0.79
5	3.0	0.10	0.40
6	18.0	0.24	1.30
7	18.0	0.11	1.00
8	11.0	0.36	0.96
9	9.0	0.40	0.92
10	3.0	0.14	0.24
11	6.0	0.30	0.78
12	5.0	0.00	0.35
13	2.0	0.05	0.23
14	45.0	0.25	2.60
15	45.0	0.21	2.42

根据表2-7绘制出了饱水与封闭系统下填充料细颗粒含量与冻胀率的关系图,如图2-12所示。

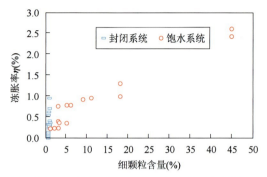

图2-12 饱水与封闭系统下填充料细颗粒含量与冻胀率的关系图

由图2-12可知,随着细颗粒含量的增加,水对填料的冻胀影响越大。当填充细颗粒含量低于5%时,饱水与封闭情况下冻胀变化不明显,属于冻胀不敏感性土;当填充细颗粒含量大于5%后,随着含量的增加饱水系统冻胀率逐渐增加,封闭系统冻胀率变化不大。

(5)持水含水情况分析

表2-8为不同粒径土持水率试验结果。

不同粒径土持水率试验结果(%)　　　　表2-8

粒径范围（mm）								试样干密度（g/cm³）	初始含水率（%）	渗水24h后含水率（%）
31.5~45	22.4~31.5	7.1~22.4	1.7~7.1	0.5~1.7	0.1~0.5	0.075~0.1	<0.075			
20	10	25	20	10	9	3	3	2.24	6.36	6.10
20	10	25	20	10	9	3	3	2.25	6.31	5.89
20	10	25	20	10	9	3	3	2.37	6.85	6.22
20	10	25	20	10	9	3	3	2.24	6.35	6.35
20	12	25	20	12	9	1	1	2.23	6.71	6.21
20	12	25	20	12	9	1	1	2.22	7.48	5.70
20	12	25	20	12	9	1	1	2.26	5.79	6.21
20	12	25	20	12	9	1	1	2.24	6.35	6.35
20	12	25	20	12	9	1	1	2.24	5.97	6.32
20	12	25	20	12	9	1	1	1.97	6.63	6.91

由表2-8可以看出,对于细粒含量较少的粗粒土,渗水24h后的含水率与初始含水率较为接近,即在饱水24h后,土样基本能恢复到初始含水率(最佳含水率)。

7)外部约束与微冻胀填料冻胀变形关系试验

当增加土体外部附加荷载时会对土体冻胀产生一定的抑制作用。上覆荷载对路基冻胀性的影响体现在两个方面:外部约束增加而冻结点降低;上覆荷载引起填料内水分的重新分布。本次进行了9个试样的加载试验,加载装置如图2-13所示,试验结果如图2-14所示。

图2-13 加载装置

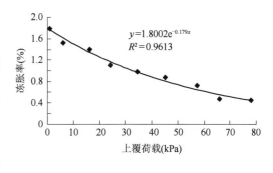

图2-14 外部约束对土体冻胀率的影响

由图2-14可知,上覆荷载与填料冻胀率之间呈指数关系,随着上覆荷载的增加,土样冻胀率逐渐减小。欲消除土体冻胀需要特别大的外部荷载。

2.2.3 微冻胀填料冻胀变形影响分析

1)填充料冻胀填充率对微冻胀填料冻胀变形影响分析

冻土体内部温度引起的变形包括两部分:未冻水发生相变成冰时的体积膨胀,该变形主要为温度引起的变形;土颗粒的热胀冷缩变形,该变形通常为高阶无穷小,可以忽略。对于填料,水分主要由其内的填充料所持有,砾粒持有含水率可以忽略不计。填料发生冻胀要满足两个条件:一是外界温度达到冻结温度;二是填充料与水在低温情况下冻结后体积增加并充填孔隙体积。因此,研究填料中填充料的填充率与土体冻胀率的关系对于判断土的冻胀特性具有一定的意义。

填料中砾粒体积采用下式计算:

$$V_1 = \frac{M_1}{\gamma_{d1}} \tag{2-6}$$

式中:M_1——单位试样体积下的相应质量;

γ_{d1}——密度。

填充料体积采用下式计算:

$$V_2 = \frac{M_2}{\gamma} \tag{2-7}$$

式中:M_2——粒径小于0.075mm粒组的总质量;

γ——对应的土样压实度情况下填充料的干密度。

体积填充率S采用下式计算:

$$S = \frac{1-V_1}{V_2} \times 100\% \tag{2-8}$$

一般土的土粒重度(或土粒密度)变化幅度不大,因此按表 2-9 中规定的经验数值选用。

土粒重度(密度)的一般数值　　　　表 2-9

土的类别	砂土	轻亚黏土	亚黏土	重亚黏土	黏土
土粒重度 γ_s (kN/m³)	26~26.2	26.2~26.4	26.4~27.6	26.5~26.7	26.5~26.9
土粒密度 γ_{s0} (t/m³)	2.65~2.67	2.67~2.69	2.69~2.71	2.70~2.72	2.70~2.74

土粒构成分析研究表明,砾含量低于 30%~40% 时,填料骨架颗粒尚未起骨架作用。本次主要分析填充料含量低于 55% 的填料,根据以上公式计算,得出填充料填充率与填料冻胀率的关系,见表 2-10。根据表 2-10 绘制出填充料填充率与冻胀率的关系图,如图 2-15 所示。

填充料填充率与冻胀率的关系　　　　表 2-10

编号	填充率	冻胀率 η(%)	编号	填充率	冻胀率 η(%)
1	0.178	0.00	28	0.334	0.69
2	0.056	0.00	29	0.325	0.45
3	0.198	0.32	30	0.298	0.67
4	0.316	0.24	31	0.302	0.25
5	0.198	0.10	32	0.274	0.27
6	0.561	0.36	33	0.330	0.33
7	0.513	0.40	34	0.529	1.16
8	0.198	0.14	35	0.529	1.14
9	0.363	0.30	36	0.465	1.22
10	0.242	0.00	37	0.465	1.46
11	0.107	0.05	38	0.639	1.05
12	0.272	0.54	39	0.606	1.71
13	0.380	0.62	40	0.222	0.44
14	0.503	0.70	41	0.381	0.70
15	0.445	0.95	42	0.406	0.26
16	0.562	0.24	43	0.385	0.46
17	0.397	0.65	44	0.178	0.36
18	0.582	0.10	45	0.056	0.22
19	0.498	0.35	46	0.316	0.79
20	0.582	0.15	47	0.198	0.40
21	0.222	0.29	48	0.198	0.24
22	0.179	0.27	49	0.363	0.78
23	0.118	0.05	50	0.242	0.35
24	0.104	0.10	51	0.107	0.23
25	0.637	0.44	52	0.928	2.42
26	0.334	0.69	53	0.859	2.60
27	0.325	0.45			

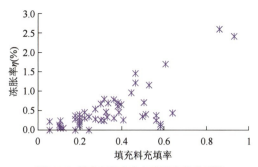

图 2-15 填充料填充率与冻胀率的关系图

由图 2-15 可以看出：当填充料填充率小于 0.18 时，填料冻胀率小于 0.2；当填充料填充率小于 0.25 时，冻胀率小于 0.5；当填充料填充率低于 0.37 时，冻胀率小于 1。属于弱冻胀性土。当填充料填充率小于 0.25 时，随着填充料含量的增加，土体冻胀变化不明显，属于冻胀不敏感性土；当填充率大于 0.25 时，填料冻胀率随着填充率的增加显著增加，属于冻胀敏感性土。

2）填充料冻胀对微冻胀填料冻胀变形影响分析

根据填充料和微冻胀填料冻胀试验，典型填充料冻胀量与微冻胀填料冻胀量的关系图如图 2-16 所示。

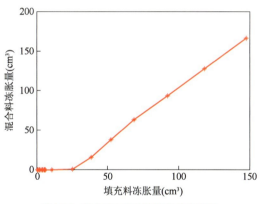

图 2-16 填充料与填料冻胀量的关系图

从图 2-16 可以得知，微冻胀填料冻胀量随填充料冻胀量的增加而增加，但填充料冻胀量小时填料并未冻胀，说明此时填充料冻胀在充填孔隙，并未引起填料宏观冻胀。当填充料冻胀量达到某一值后，微冻胀填料宏观开始冻胀并随着填充料的冻胀量增加而增加。

2.3 微冻胀填料结构特征与冻胀特点分析

混合料中无论是粉土、黏土，还是砂、砂砾石、石渣、堆石等无黏性土，都是由性质不一、大小不同的颗粒组合成粒状结构的散粒体，是由固体颗粒和孔隙组成，而土中孔隙并非是真空状态,有的被空气填充,有的全部或部分被水占据。正是由于水和气的占据条件不同,形成了土体不同的状态。孔隙中无水时,土体处于固和气两相物质组成的干燥状态;孔隙中充满水时,土体处于固和液两相物质组成的饱和状态;若孔隙中部分被水占据,土体处于由固、液、气三相物质组成的非饱和状态。

2.3.1 高速铁路路基填料要求

寒区高速铁路路基作为一种土工结构物,其填料是由松散的土石混合建筑材料组成,完全暴露在复杂变化着的环境中,不但要承受上部静荷载和列车动荷载的重复作用,还要承受水文、气候等自然条件变化的侵袭和破坏,保障线路的平顺性和高速列车的安全性和舒适性。路基基床结构的刚度应满足列车运行时产生的弹性变形控制在一定范围的要求,强度能承受列车荷载的长期作用,厚度应使扩散到其底面上的动应力不超过基床底层土的长期承载能力,其表层结构应能防止地表水浸入。设计时要根据当地的气温变化规律确定最大设计冻深,然后进行冻深范围内的微冻胀填料设计。路基填料的材质、级配、水稳性等应符合高速铁路的技术要求,一般情况下高速铁路基床表层填料为级配碎石,即由各种大小不同粒级骨料组成的满足密实级配要求的混合料,由开山块石、天然卵石或砂砾石经破碎筛选而成。级配碎石颗粒级配不均匀系数 C_u 不得小于15,粒径0.02mm以下颗粒质量百分率不得大于3%,粒径大于22.4mm 的粗颗粒中带有破碎面的颗粒所占的质量百分率不应小于30%。符合技术要求的级配型骨料包括级配碎石、级配碎砾石(碎石和砂砾的混合料,也常将砾石中的超尺寸颗粒砸碎后与砂砾一起组成碎砾石)和级配砾石(或级配砂砾),无砟轨道或者寒区有砟轨道级配碎石填筑压实后渗透系数应大于 5×10^{-5} m/s,压实系数不小于0.97,地基系数不小于190MPa/m。路基填料最大粒径在基床底层内应小于60mm,基床以下路堤内应小于75mm,基床底层填料不得采用低于A、B组以外的填料,路基本体采用A、B组或C组碎石、砾石类填料。

2.3.2 高速铁路路基填料组分

粗粒土石料是指块石、碎石(或砾卵石)、石屑、石粉等颗粒组成的无黏性混合料,或黏性土中含有大量粗粒料的混合土。一般认为,粗粒土为粒径0.075~60mm 的颗粒含量(质量比)大于50%的土石混合料。美国《高速公路土和骨料混合物分类的标准》将填料确定为粒径75mm,把细粒含量35%作为粗粒土和细粒土的界限。在粗粒土分类中,根据颗粒过2mm、425μm、75μm 筛百分数以及液限和塑性指数的组合进行分组,每组土粒径及含量明确。日本填土分类是先进行土性分类,然后对填料分组。土性分类和美国土的工程分类相似,根据颗分试验、液限及塑性试验进行分类,土的最大粒径为75mm。填料分组主要考虑压实后地基系数等工程性质,其填料分组情况见表2-11。

土的工程学分类体系　　　　　　　　　　　　　　　　表 2-11

大分类	中分类	小分类	细分类		
粗粒土（粗粒含量>50%）	砾石土 G（砾>砂）	砾（G）细粒含量<15%	干净的砾（G）细粒含量<5%	$U_C \geq 10, 1 < U'_c \leq \sqrt{U_C}$	级配好的砾	GW
				上述以外	级配差的砾	GP
			夹细粒土的砾（G-F）5%≤细粒含量<15%	细粒以粉土为主	夹粉土的砾	G-M
				细粒以黏土为主	夹黏土的砾	G-C
				细粒以有机质为主	夹有机质的砾	G-O
				细粒以火山灰为主	夹火山灰质砾	G-V
		砾质土（GF）15%≤细粒含量<50%	细粒以粉土为主	粉土质砾	GM
			细粒以黏土为主	黏土质砾	GC
			细粒以有机质为主	有机质砾	GO
			细粒以火山灰为主	灰山灰质砾	GV
	砂土 S（砂≥砾）	砂（S）细粒成分<15%	干净的砂（S）细粒含量<5%	$U_C \geq 10, 1 < U'_c \leq \sqrt{U_C}$	级配好的砂	SW
				上述以外	级配差的砂	SP
			夹细粒的砂（S-F）5%≤细粒含量<15%	细粒以粉土为主	夹粉质土的砂	S-M
				细粒以黏土为主	夹黏质土的砂	S-C
				细粒以有机质为主	夹有机质的砂	S-O
				细粒以火山灰为主	夹火山灰质土的砂	S-V
		砂质土（SF）15%≤细粒含量<50%	细粒以粉土为主	粉土质砂	SM
			细粒以黏土为主	黏土质砂	SC
			细粒以有机质为主	有机质砂	SO
			细粒以火山灰为主	火山灰质砂	SV
细粒土 F（细粒含量≥50%）	粉质土（M）膨胀性显著，干燥强度低		$w_L < 50\%$	粉质土（低液限）	ML
			$w_L \geq 50\%$	粉质土（高液限）	MH
	黏性土（C）无膨胀性，干燥强度高（或者中性）		$w_L < 50\%$	黏质土	CL
			$w_L \geq 50\%$	黏土	CH
	有机质土（O）（有机质，暗色有臭味）		$w_L < 50\%$	有机质黏质土	OL
			$w_L \geq 50\%$	有机质黏土	OH
			有机质，火山灰质	有机质火山灰质	OV
	火山灰质土（V）（地质背景，火山喷发物）		$w_L < 80\%$	火山灰质黏性土（Ⅰ型）	VH$_1$
			$w_L \geq 80\%$	火山灰质黏性土（Ⅱ型）	VH$_2$
高有机土（Pt）全部为有机物	高有机土（Pt）		未分解纤维质	泥炭	Pt
			持续分解，黑色	黑泥	Mk

注：U_C 为均匀系数；U'_c 为曲线系数；w_L 为液限。

1）国际标准

德国标准《土方和基础：土木工程土的分类》（DIN 18196：2006-06）规定最大粒径为 63mm，粗粒与细粒界限为 0.063mm，这与标准化组织和欧盟相同。其中粗粒土，根据砾和砂的含量、级配进一步细分。①过 2mm 筛的颗粒 >60% 为砂，大于 2mm 的颗粒 ≥40% 为砾，这与其他国家都不同。②把级配分为 3 种：不均匀系数 $C_u < 6$ 为窄级配；$C_u \geq 6$ 且 $1 \leq$ 曲率系数 $C_c \leq 3$ 为宽级配；$C_u \geq 6$，$C_c < 1$ 或 $C_c > 3$ 为间断级配。这些与其他国家都不同。

《岩土工程调查和试验　土壤的识别和分类　第 2 部分：分类原则》[ISO 14688-2—2017（E）]规定：填料适用于基础、地基改良、道路、路堤、大坝和排水系统；砾的界限为粒径 2～63mm，细粒界限为粒径 0.063mm。

2）国内标准

国标《土的工程分类标准》（GB/T 50145—2007）对分类没有粒径限制，把粒径大于 60mm 的颗粒定为巨粒，粒径介于 0.075～60mm 之间为粗粒，粒径小于 0.075mm 为细粒。在粗粒土中：①砾粒组含量大于砂粒组含量的土称为砾类土，砾粒组含量不大于砂粒组含量的土称为砂类土；②根据细粒含量细分，界限为 5% 和 15%；最后根据级配或塑性图分组。其具体分类见表 2-12。

巨粒土和粗粒土的分类　　　　表 2-12

土类		粒组含量		代号	土名称
巨粒土和含巨粒的土	巨粒土	巨粒含量 75%～100%	漂石含量 > 卵石含量	B	漂石（块石）
			漂石含量 ≤ 卵石含量	C_b	卵石（碎石）
	混合巨粒土	巨粒含量 <75%，>50%	漂石含量 > 卵石含量	BSl	混合土漂石（块石）
			漂石含量 ≤ 卵石含量	C_bSl	混合土卵石（碎石）
	巨粒混合土	巨粒含量 15%～50%	漂石含量 > 卵石含量	SlB	漂石（块石）混合土
			漂石含量 ≤ 卵石含量	SlC_b	卵石（碎石）混合土
砾类土	砾	细粒含量 <5%	级配：$C_u \geq 5$，$C_c = 1～3$	GW	级配良好砾
			级配：不同时满足上述要求	GP	级配不良砾
	含细粒土砾	5% ≤ 细粒含量 <15%		GF	含细粒土砾
	细粒土质砾	15% ≤ 细粒含量 ≤50%	细粒组中粉粒含量 ≤50%	GC	黏土质砾
			细粒组中粉粒含量 >50%	GM	粉土质砾
砂类土	砂	细粒含量 <5%	级配：$C_u \geq 5$，$C_c = 1～3$	SW	级配良好砂
			级配：不同时满足上述要求	SP	级配不良砂
	含细粒土砂	5% ≤ 细粒含量 <15%		SF	含细粒土砂
	细粒土质砂	15% ≤ 细粒含量 ≤50%	细粒组中粉粒含量 ≤50%	SC	黏土质砂
			细粒组中粉粒含量 >50%	SM	粉土质砂

《公路土工试验规程》（JTG E40—2007）中土的工程分类与国标基本一致，只是黏粒粒径上限比国标（0.005mm）小 0.002mm；粗粒土为巨粒组质量少于总质量 15% 的土，且巨粒组土

粒与粗粒组土粒质量之和多于总土质量50%的土称为粗粒土。砾粒组质量小于或等于总质量50%的土称为砂类土。《铁路工程岩土分类标准》(TB 10077—2019)分类采用大直径质量累计法,其具体分类情况见表2-13。

土的分类　　　　　　　　　　　　　　　　表2-13

土的名称		颗粒形状	土的颗粒级配
碎石类土	漂石土	浑圆或圆棱状为主	粒径大于200mm的颗粒超过总质量的50%
	块石土	尖棱状为主	
	卵石土	浑圆或圆棱状为主	粒径大于20mm的颗粒超过总质量的50%
	碎石土	尖棱状为主	
	圆砾土	浑圆或圆棱状为主	粒径大于2mm的颗粒超过总质量的50%
	角砾土	尖棱状为主	
砂类土	砾砂	—	粒径大于2mm颗粒的质量占总质量的25%~50%
	粗砂		粒径大于0.5mm颗粒的质量超过总质量的50%
	中砂		粒径大于0.25mm颗粒的质量超过总质量的50%
	细砂		粒径大于0.075mm颗粒的质量超过总质量的85%
	粉砂		粒径大于0.075mm颗粒的质量超过总质量的50%
细粒土	粉土	—	$I_p \leq 10$
	粉质黏土		$10 < I_p \leq 17$
	黏土		$I_p > 17$

《建筑地基基础设计规范》(GB 50007—2011)规定碎石土为粒径大于2mm的颗粒质量超过总质量50%的土。碎石土分为漂石、块石、卵石、碎石、圆砾和角砾;砂土为粒径大于2mm的颗粒质量不超过总质量50%、粒径大于0.075mm的颗粒质量超过总质量50%的土。砂土分为砾砂、粗砂、中砂、细砂和粉砂。

《铁路路基设计规范》(TB 10001—2016)对路基填料进行了分类,是在大粒径累计法的基础上,在粗粒土、巨粒土中考虑细粒含量与级配,细粒成分对填料性质影响较大,综合了大粒径累计法和统一分类的优点,符合填料压实特点:大颗粒起骨架作用,小颗粒起填充作用。另外,粉土填充料的强度、抗变形、可压实性和水稳定性等工程性质比黏土好,因此要充分考虑混合料中填充料的成分对其冻融特性等工程性质的影响。

2.3.3　现有高速铁路基床粒径级配要求

无砟轨道及寒区有砟轨道铁路基床表层级配碎石粒径级配要求见表2-14,其配合比设计曲线如图2-17所示。

基床表层级配碎石粒径　　　　　　　　　　表2-14

方孔筛孔边长(mm)	0.1	0.5	1.7	7.1	22.4	31.5	45
过筛质量百分率(%)	0~5	7~32	13~46	41~75	67~91	82~100	100

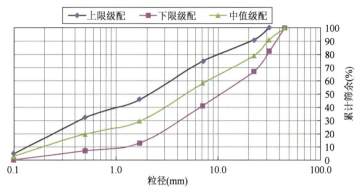

图 2-17　高速铁路级配碎石配合比设计曲线

基床表层级配碎石与下部填土之间应符合 $D_{15} < 4d_{85}$ 的要求,其中 D_{15} 为较粗层土的颗粒粒径(mm),小于该粒径的颗粒质量占总质量的 15%; d_{85} 为较细层土的颗粒粒径(mm),小于该粒径的颗粒质量占总质量的 85%。否则,基床表层应采用级配不同的双层结构形式,或在基床表层底面铺设隔离层和反滤层,当采用改良土作为下部填土时,不受此限制。

寒区冻结深度大于基床表层厚度时,其冻结深度影响范围内 A、B 组填料的细颗粒含量应小于 5%,且填筑压实后的渗透系数应大于 5×10^{-5} m/s。《铁路特殊路基设计规范》(TB 10035—2018)根据土的类别、天然含水率、地下水位、平均冻胀率对季节性冻土的冻胀分级进行了划分。粉黏粒质量不大于 15% 的粗颗粒土虽然属于 Ⅰ 级不冻胀土,但不是绝对没有冻胀性,只是平均冻胀率不超过 1%,这种较小的冻胀量对一般工程影响不大,但高速铁路运营中一旦产生冻胀,会引起轨道不平顺,对行车安全产生不利,其养护维修非常困难,若冻胀量超过扣件调解量,将无法使钢轨复位。因此,寒区高速铁路路基设计时,应考虑最大冻结深度、降水量、地下水位等影响因素,合理选择路基填料,加强防排水和防冻胀措施。既要考虑承载能力,又要考虑防排水能力。针对一种级配组成的混合料难以实现承载和防排水的功能:骨架密实结构承载能力强,但防水和排水能力弱;悬浮密实结构防水能力强,但承载和排水能力弱;骨架孔隙结构排水能力强,但承载和防水能力弱。因此,可对基床防排水要求较高的基床表层,采用"悬浮密实结构防水层 + 骨架密实结构承载层 + 骨架孔隙结构排水层"的复合结构形式,实际应用时可根据工程情况进行合理匹配、简化或加强,实现结构的功能,满足其使用要求。

2.4　微冻胀填料组成与冻胀特点分析

对于季节性冻土地区高速铁路普遍采用的微冻胀填料,由于冻胀小,过去一般建(构)筑物工程上忽略其危害,现在随着高速铁路的大量建设,而高速铁路对路基变形要求十分严格,需要重新认识此填料冻胀。微冻胀填料组成如图 2-18 所示,并且包含剩余骨架孔隙。粗骨料称为骨架颗粒,微冻胀填料是一种由粗、细料按一定质量和数量混合形成不同的结构,并具有一定的力学性质的混合料。填料主要由粗颗粒和少量的细颗粒组成,粗颗粒由粗骨料和细骨料组成,骨料由完整的岩石经物理风化而成,微冻胀填料主要成分是骨料。从作用上可分为粗骨料、细骨料、细颗粒,其中细骨料粒径为 0.075~2mm,细颗粒粒径小于0.075mm,但进行实际实验室冻胀试验时,要从填料中将细颗粒完全分离出来较为困难,通常采用填料水洗的方法,这种方法操作非常困难而且结果不可控。这种细小颗粒成分,往往附着在粗骨料表面,尤其细骨料表面较多,所以将细骨料和细颗粒共同从粗颗粒中筛析出更容易操作。粗骨料不会因低温产生冻胀,细骨料本身也不会因低温产生膨胀,粗骨料可以认为是刚性体,细骨料和细颗粒也是刚性体。微冻胀填料中仅细颗粒低温冻胀。

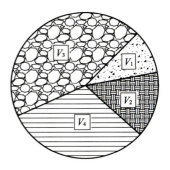

图 2-18 微冻胀填料组成图

注:1. V_1-细颗粒;V_2-细骨料;V_3-粗骨料;V_4-微冻胀填料剩余孔隙。
2. V_1 和 V_2 组成填充料;V_2 和 V_3 为粗颗粒;微冻胀填料包括 V_1、V_2、V_3 和 V_4。

细颗粒在水分转移时,细颗粒的渗透性与细颗粒与细骨料混合后的渗透性是有差异的,如图 2-19 所示。由图分析可知,细颗粒含量小于 10%,渗透系数大于 1×10^{-3}。细粒含量越高渗透系数也就越小,所以填料中粒径组成对其渗透性影响较大,粗料与细料混合后致使微冻胀填料渗透性较大。细颗粒在填料中分布为絮状,实际上将细颗粒击实密实也不现实,所以将微冻胀填料分为粗骨料、细骨料和细颗粒,这种填料组成方法可保证细颗粒与细骨料混合后接近于土试样密实性质,细颗粒和填料干密度如图 2-20、图 2-21 所示,对粗、细颗粒分别压实分析可知,其密实性相差比较大,将细颗粒与细骨料混合以后其密实性更接近于微冻胀填料的密实性,且室内更易将细骨料和细颗粒从粗骨料中筛分,填料中细颗粒和细骨料混合后冻胀与单纯细颗粒冻胀宏观效果一样。鉴于细骨料和细颗粒混合后具有以上特点,且单独用细颗粒做冻胀试验也不客观,所以将细骨料和细颗粒合称为填充料。

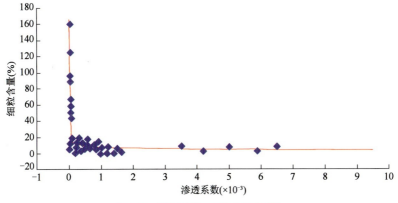

图 2-19 渗透系数与细粒含量关系图

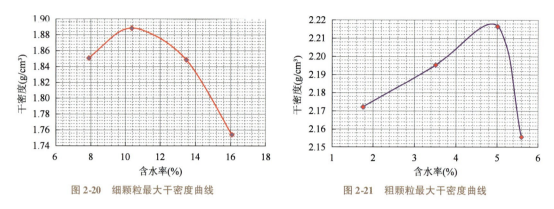

图 2-20　细颗粒最大干密度曲线　　　　图 2-21　粗颗粒最大干密度曲线

微冻胀填料自然持水能力如图 2-22 所示,由图可知对于细粒含量较小的微冻胀填料,试验饱水后经过 24h,土样中水分基本能恢复到初始含水率(最佳含水率)。填料冻胀前后含水率见表 2-15。由填料持水能力和冻胀前后含水率分析可知,冻胀过程水分变化不大,亦即微冻胀填料冻胀过程并未发生水分宏观迁移。粗颗粒表面吸附少量水并冻胀,不迁移;细颗粒因为比表面积大而吸附大量水分,水分按从小孔隙到大孔隙、由内至外的规律微观迁移并冻胀,粗骨架在填料中呈离散性。细观孔隙与孔隙之间由骨架颗粒隔离,而通常情况下无法连通,所以水分迁移不具有连通性。因此填料组成封闭系统,冻胀为瞬时冻胀,无明显宏观上的水分转移。温度与冻胀变形的关系如图 2-23 所示,降低至某个温度即发生冻胀,不具有长时冻胀性。由于微冻胀填料有以上特点,所以此填料冻胀为"原位冻胀",具有瞬时性。

填料冻胀前后含水率表　　　　表 2-15

名称(掺量)	冻前含水率(%)	冻胀后含水率(%)
碎石掺粉土(5%)	6	7.2
碎石掺粉土(7%)	6	7.4
碎石掺粉土(10%)	6	6.3
碎石掺粉土(15%)	6	6.83
碎石掺黏土(5%)	6	6.06
碎石掺黏土(7%)	6	6.52
碎石掺黏土(10%)	6	7.09
碎石掺黏土(15%)	6	7.06

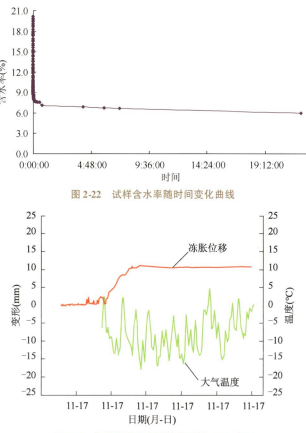

图 2-22 试样含水率随时间变化曲线

图 2-23 温度与冻胀变形的关系图(2012 年)

2.5 本章小结

本章以高速铁路路基填料为研究对象,分析了高速铁路冻胀特点,通过室内冻胀特性试验,开展了有无外部约束(上覆列车荷载)条件下填充料含量、自然持水性能、填料级配、渗透系数、补水条件等对路基冻胀率的影响特性,以及微冻胀填料结构特征及冻胀特点研究。

填料持水率试验表明,A、B 组及级配碎石填料的自然持水率在 5.5%～7.9%之间。填料体积含水率小于 12%时,土体冻胀率随体积含水率变化不敏感;体积含水率大于 12%时,土体冻胀率随着体积含水率的增加显著增加;土体体积含水率低于 15%时,土体冻胀系数小于 1,属于弱冻胀性土。填充料含量在 2%～3.2% 及 4.5%～6.0%情况下,填料冻胀量均随着含水率的增加逐渐增加。填料级配冻胀试验表明,随着砾以下细骨料的减少,填料的冻胀率逐渐减少,但即使细粒含量很低,在低温条件下,土体仍能产生一定的冻胀量。填料上覆荷载试验表明,上覆压力对填料冻胀有一定程度的抑制作用。微冻胀填料的冻胀量随填充料冻胀量的增加而增加,但填充料填充率低于 0.25 时,随着填充料含量的增加,填料冻胀变化不明显,说明此时填充料冻胀在充填孔隙,并未引起填料宏观冻胀,属于冻胀不敏感性土;当填充料填充率大于 0.25 时,随着填充率的增大,填料冻胀率显著增加,土体属于冻胀敏感性土。

  冻胀填料是由粗颗粒和少量细颗粒组成的混合料的总称,粗颗粒由粗骨料和细骨料组成,骨料是由岩石经物理风化而成的,将细骨料和细颗粒定义为填充料。通过分析微冻胀填料结构特征和冻胀特点,可知微冻胀填料主要由粗颗粒和少量的细颗粒组成,填料细观上结构内部具有离散性和水分传递的非连续性,冻结时土样的不同部位基本处于相对"封闭"的状态,冻胀主要表现为"原位冻胀",随冻结温度呈"瞬时性",宏观上的水分转移不明显。

FROST HEAVE MECHANISM AND
TREATMENT TECHNOLOGY OF
HIGH-SPEED RAILWAY SUBGRADE IN COLD AREA

第 3 章

微冻胀填料冻胀微观冻胀规律研究

3.1 热力学分析

颗粒流程序(Particle Flow Code,PFC)的理论基础是 Cundall(1979)提出的离散单元法,以圆盘(2D)或球形颗粒(3D)为计算单元,采用有限差分法迭代计算每个颗粒的运动及颗粒之间的相互作用,并在 PFC 中实现模拟颗粒材料的力学特性。在岩土介质等具有颗粒结构特性的材料中,可以从细观力学特征出发,将材料的力学响应问题从物理域映射到数学域内进行数值求解,与此相对应,物理域内的实物颗粒被抽象为数学域内的颗粒单元,并通过颗粒单元构建和设计需要的几何形状,颗粒间的相互作用通过颗粒之间接触的本构关系实现,计算过程中交替执行牛顿第二定律(运动定律)和力-位移定律。运动定律和力-位移定律被分别重复应用于每个颗粒和每次接触,接触的位置也根据计算结果实时更新。该程序可以用于颗粒材料力学性质分析,如颗粒团粒体的稳定、变形及本构关系,也可用于模拟固体力学大变形问题。数值计算中的边界条件通过迭代来确定;材料的细管力学参数也是通过迭代来确定,直到试件的宏观力学参数与材料的真实力学参数和工程特性相近。试验材料宏观尺度响应和微观尺度变化之间的相互联系如图 3-1 所示,PFC 整个计算循环过程如图 3-2 所示。软件包括以下模块:温度分析模块、流体分析模块、并行计算模块、本构自定义模块。本章选用温度分析模块进行分析。

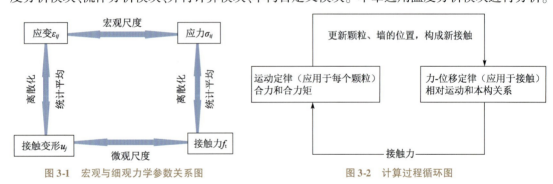

图 3-1　宏观与细观力学参数关系图　　　　图 3-2　计算过程循环图

3.1.1 热学选项

PFC3D 的热力学选项可以模拟颗粒材料的瞬态热传导和储存,以及由此引起的颗粒位移和颗粒之间接触力的变化。热容器网格(与每个颗粒相关)和热管道(与接触相关)为该模块计算中的计算单元。热量在连接容器的活动管道中传导发生流动。热量引起的温度变化对会改变颗粒半径和接触连接中的内力,由此可以得到由热传导引起的应变。

热传递的路径与每个接触连接,不过只有部分传递路径处于激活状态。默认情况下,如果接触的两个颗粒有重叠或者存在连接,那么管道就处于激活状态。在指定材料的热微观特性后,加载和破坏(以连接破坏的形式)时将会调整激活管道的数量,并且改变材料热传导的性能。例如,当颗粒之间产生连接或者重叠时,新管道生成而当连接破坏或者颗粒之间发生分离时,管道数目减少。

1)数学模型描述

连续体中热传导变量有温度和热流矢量,在计算中需要得到这两个场随时间的变化,这些变量及其连续性方程与源于热传导的傅立叶定律的传输法则相关。将傅立叶定律代入连续性方程得到热传导的微分方程,在给定具体的边界和初始条件下可以用来解答特殊的几何体和其性能。

(1)单位规范和系统

矢量和张量使用右手直角坐标系统来表达。指标包括三维形式集{1,2,3}以及二维形式集{1,2}。应用爱因斯坦求和约定,指标重复表示这个指标在其范围内的总和。竖向括号表示矢量的大小或者一个标量的绝对值。变量上的一点表示对时间的导数(如 $\dot{x}_1 = \partial x_i/\partial t$)。参数和变量大小用国际标准单位表示,所有热学量单位必须一致,程序中不执行单位转化。表3-1和表3-2列出了热学中量的单位。

热学问题国际标准单位系统 表3-1

项目	单位			
长度	m			cm
密度	kg/m³	10³ kg/m³	10⁶ kg/m³	10⁶ g/cm³
温度	K			
时间	s			
指定热量	J/(kg·K)	10⁻³ J/(kg·K)	10⁻⁶ J/(kg·K)	10⁻⁶ cal/(g·K)
热传导	W/(m·K)			(cal/s)/(cm²·K⁴)
对流热传递系数	W/(m²·K)			(cal/s)/(cm²·K)
辐射热传递系数	W/(m²·K⁴)			(cal/s)/(cm²·K⁴)
流量强度	W/m²			(cal/s)/cm²
源强度	W/m³			(cal/s)/cm³
衰减常数	s⁻¹			

热学问题英制单位系统 表3-2

项目	单位	
长度	ft	in
密度	slugs/ft³	snails/in³
温度	R	
时间	hr	
指定热量	(32.17)⁻¹ Btu/(lb·R)	(32.17)⁻¹ Btu/(lb·R)
热传导	(Btu/hr)/(ft·R)	(Btu/hr)/(in·R)

续上表

项目	单位	
对流热传递系数	(Btu/hr)/(ft²·R)	(Btu/hr)/(in²·R)
辐射热传递系数	(Btu/hr)/(ft²·R⁴)	(Btu/hr)/(in²·R⁴)
流量强度	(Btu/hr)/ft²	(Btu/hr)/in²
源强度	(Btu/hr)/ft³	(Btu/hr)/in³
衰减常数	hr⁻¹	hr⁻¹

单位换算：

$1K = 1.8R$；

$1J = 0.239\text{cal} = 9.48 \times 10^{-4}\text{Btu}$；

$1J/(\text{kg}\cdot\text{K}) = 2.39 \times 10^{-4}\text{Btu}/(\text{b}\cdot\text{R})$；

$1W = 1J/s = 0.239\text{cal/s} = 3.412\text{Btu/hr}$；

$1W/(\text{m}\cdot\text{K}) = 0.578\text{Btu}/(\text{ft}\cdot\text{hr}\cdot\text{R})$；

$1W/(\text{m}^2\cdot\text{K}) = 0.176\text{Btu}/(\text{ft}^2\cdot\text{hr}\cdot\text{R})$。

温度可用开尔文、朗肯、摄氏度和华氏温标表示。开尔文温标单位"kelvin"(符号 K)，朗肯温标单位"rankine"(符号 R)，摄氏度温标单位"degree Celsius"(符号℃)，华氏温标使用单位"degree Fahrenheit"(符号°F)。

(2)控制方程

假定应变的改变对温度没有影响(对于固体和流体的准静态问题这一假设是合理的)，则连续体热传导方程如下：

$$-\frac{\partial q_i}{\partial x_i} + q_v = \rho C_v \frac{\partial T}{\partial t} \tag{3-1}$$

$$Q = -\frac{\Delta T}{\eta L} \tag{3-2}$$

式中：q_i——热流矢量(W/m²)；

q_v——体积热源强度或势密度(W/m³)；

ρ——质量密度(kg/m³)；

C_v——常体积下确定的比热容[J/(kg·℃)]；

T——温度(℃)。

几乎所有的固体和液体，常压下确定的比热容和常体积下确定的比热容本质上是相等的。因此，C_p和C_v可以互换。

连续体傅立叶定律确定的热流矢量和温度梯度的关系如下：

$$q_i = -k_{ij}\frac{\partial T}{\partial x_i} \tag{3-3}$$

式中：k_{ij}——温度传导张量[W/(m·℃)]。

(3)热、力学耦合

PFC3D 中材料通过颗粒及颗粒之间连接(只有平行连接承担热膨胀)的热膨胀而产生热应变。

给定一个温度变化,改变颗粒的半径 R,得到:

$$R = \alpha R T \tag{3-4}$$

式中:α——属于微观特性,可以将该系数设定为材料的热膨胀系数 α_t,即 $\alpha = \alpha_t$。

在计算平行连接的膨胀时需要进行如下假定:只有连接力中的正向应力矢量才会受温度变化的影响。假定平行连接具有各向同性膨胀,可以通过改变连接长度 $\bar{L}$ 和连接力矢量的正向部分来建立计算模型:

$$\Delta \bar{F} = -\bar{k}^n A \Delta \bar{U}^n = -\bar{k}^n A(\bar{\alpha} \bar{L} \Delta T) \tag{3-5}$$

式中:$\bar{k}^n$——连接正向刚度;

A——连接交叉部分面积;

$\bar{\alpha}$——连接材料膨胀系数(等效于连接管道两端颗粒的膨胀系数平均值);

$\bar{L}$——连接长度(等效于连接管道末端颗粒中心的距离);

ΔT——温度增量(等效于连接管道末端两颗粒的平均温度变化)。

(4)热学微观特性

下面四种微观特性用于 PFC3D 热学计算。模型的选择依据所模拟的对象[材料、颗粒材料(非连接颗粒集合)、连续体(连接颗粒集合)]而变化。

①密度 ρ[kg/m³]。当模拟材料为无连接材料时,ρ 值应该等效于每个颗粒的密度;作为连续体时,ρ 值应由下式计算:

$$\rho = \frac{\rho_t}{1-n} \tag{3-6}$$

式中:ρ_t——连续体的密度;

n——PFC3D 材料的平均孔隙率,对于压密的有连接材料,n 值由初始微观结构确定并且接近 0.16/0.40;

ρ——密度,大小由命令 PROP density 设定。

②定体积比热 C_v[J/(kg·℃)]。该值等于固体连续体的相应参数 C_v 的大小,由命令 THERMAL prop sheat 设定。

③线热膨胀系数 α(1/℃)。模拟材料为无黏结时,α 的大小应与每个颗粒的相应系数一致。对于有连接材料,该值可以设定为等于连续体的 α_t。α 的大小由命令 THERMAL prop exp 设定。

④单位长度热阻 η[℃/(W·m)]。通过观测热学材料的管道网络,可以计算 η 的大小。如果指定 η 到所有管道,则材料为各向同性材料,即具有平均宏观传导系数 k[W/(m·℃)]。η 值可以直接通过命令 THERMAL prop resistance 设定。同时,热材料传导性张量可以由命令

THERMAL print conductivity 输出。

默认情况下,η 等于无穷大;在设定该值后,η 取设定值。在模拟初始时设定 η 的大小后,会形成额外的管道,并且 η 的大小会等于各自局部区域内 η 的平均值。当管道变为激活状态时,η 的大小等于所有接触颗粒间活动管道 η 的平均值。可通过使用 fishcallFC PIPE ACTIVE 来调用用户自定义的函数来给管道设定不同的值。η 的大小可以通过 FISH 函数设定。

2）边界和初始条件

初始条件相应于给定的温度场。温度由命令 THERMAL init temp 确定。命令 THERMAL apply psource 可以指定热源。

边界条件需要依据外表面的法向矢量来进行确定。在 PFC3D 材料中,不存在明显的边界表示(不同于连续体法则,单元表面包含边界)。这个问题通过指定边界表面的势能而不是流量来解决。施加的全部势能由命令 THERMALapply power 指定,采用体积为权重,并且势能分布到指定范围内的全部颗粒上。实际颗粒集的边界默认是绝热的,即没有热量流出管道网格的边界。

3.1.2 数值计算

在 PFC3D 中,材料被看做热容器网格(与每个颗粒相关)和管道(与接触相关)的热学材料。热量激活的管道中发生流动。每个颗粒都是一个热容,与每个热容相关联的参数有温度、质量、体积、确定的比热容 C_v 以及线热膨胀系数 α。温度由热学模拟过程中的计算确定,质量和体积由小球密度、半径以及形状决定。热学管道与每个接触相关,但是只有部分管道是处于激活状态的。默认情况下,如果接触的两个粒子重叠或者存在连接,那么管道就是活动的。管道是否激活可以通过命令 THERMAL pipe 进行修改。一个管道连接两个容器,热量只通过管道流动。与每个管道相关联的参数有势能 Q 及热阻 η。每个管道的长度为管道连接的两个球体的中心距离。通过修正颗粒半径和接触连接中的内力可以得到由热量引起的应变。由热量传导产生的应变主要是由温度变化产生的颗粒半径变化和接触中的内力变化引起。

（1）数值离散化

材料被离散成两部分:热容器和连接热容器的管道。热量通过连接容器的活动管道进行流动。目前的模型中不包括放热以及对流传导。

首先对单个容器建立热传导公式,控制体积 V 和容器(一般情况下,所有容器控制体积的总和等于总的材料体积)单位体积的热量外流由 q_i 的散度决定。容器中 q_i 散度的平均值定义如下:

$$\frac{\partial q_i}{\partial x_i} = \frac{1}{V}\int_V \frac{\partial q_i}{\partial x_i}\mathrm{d}V \tag{3-7}$$

体积积分可以由面积积分替代(容器应用高斯散度定理):

$$\frac{1}{V}\int_V \frac{\partial q_i}{\partial x_i}\mathrm{d}V = \int_S q_i n_i \mathrm{d}S \tag{3-8}$$

式中：n_i——控制体积表面 S 的单位外法向量。

如果限定热量只在连接容器的热学管道中流动，则面积积分可以由下面的总和代替：

$$\int_S q_i n_i \mathrm{d}S = \sum_{p=1}^N q_i^p n_i^p \Delta S^p = \sum_{p=1}^N Q^p \tag{3-9}$$

式中：上标 p——指定相关管道 p 相关变量的值；

Q^p——管道中流出容器的能量（注意到 $q_i^p \Delta S^p = Q^p n_i^p$）。

将式(3-8)和式(3-9)代入式(3-7)得到：

$$\frac{\partial q_i}{\partial x_i} = \frac{1}{V}\sum_{p=1}^N Q^p \tag{3-10}$$

将式(3-10)代入式(3-2)得到单个容器的热传导公式：

$$-\sum_{p=1}^N Q^p + Q_v = mC_v \frac{\partial T}{\partial t} \tag{3-11}$$

式中：Q_v——热源强度；

m——热学质量；

C_v——常体积下确定的比热容。

假如将每个管道视作含有单位长度 η 下热阻的一维物体，则管道中能量由下式得到：

$$Q = -\frac{\Delta T}{\eta L} \tag{3-12}$$

式中：ΔT——管道末端两容器间的温度差异；

L——管道长度。

通过使用快速有限差分对时间求导数完成式(3-11)的离散。首先，重写公式为：

$$\frac{\partial T}{\partial t} = \frac{1}{mC_v}\left(-\sum_{p=1}^N Q^p + Q_v\right) = \frac{1}{mC_v}\widetilde{Q} \tag{3-13}$$

式中：$\widetilde{Q}$——不平衡能量，由初始温度场开始，每个管道中的能量通过式(3-12)更新。

然后，通过快速有限差分表达式可以更新容器的温度：

$$T_{t+\Delta t} = T_t + \Delta T = T_t + \Delta t \left(\frac{1}{mC_v}\widetilde{Q}\right)_t \tag{3-14}$$

式中：Δt——热学时步。

这种显式方案的数值稳定性只有在时步保持低于某一限定值的情况下才能收敛。基于计算收敛标准，考虑从零初始状态给定单个容器温度扰动 T_0。一个热学时步后，新的容器温度为：

$$T_{t+\Delta t} = T_0\left(1 - \frac{\Delta t}{mC_v}\sum_{p=1}^N \frac{1}{\eta^p L^p}\right) \tag{3-15}$$

对于连续 Δt（表示温度相对于初始状态浮动）的重复计算，为防止温度的交替现象，以上

温度扰动 T_0 的系数必须是正向的。如果满足下式,则条件成立。

$$\Delta t < \frac{mC_v}{\sum \frac{1}{\eta L}} \tag{3-16}$$

在应用中,当设定热学时步为式(3-16)的最小值(对于所有容器)时,热学计算是稳定的。

(2)热阻和导热性的关系

一般情况下,可以一系列的过程来估计 PFC3D 热材料的导热性张量 k_{ij},然后通过该过程计算得到 η 的值。如果将得到的值指定到所有管道,则 η 将会产生具有平均宏观导热性 k 的热学各向同性材料。

体积为 V 的构件中的平均热通量由下式得到:

$$q_i = \frac{1}{V} \int_V q_i \mathrm{d}V \tag{3-17}$$

式中:q_i——体积内的热流矢量。通过限制热量只在热学管道中流动,积分可由包含在体积 V 内的所有管道的和来代替:

$$q_i = \frac{1}{V} \sum_{p=1}^{M} q_i^p V^p = \frac{1}{V} \sum_{p=1}^{M} q_i^p A^p l^p \tag{3-18}$$

式中:A^p——管道 p 交叉部分的面积;

l^p——体积 V 内管道 p 的长度。

一个管道内热流为:

$$q_i = \frac{Q n_i}{A} \tag{3-19}$$

式中:Q——管道内的能量;

n_i——沿管道方向的单位向量。

由式(3-12)替代后,热流为:

$$q_i = -\frac{\Delta T n_i}{\eta L A} \tag{3-20}$$

式中:ΔT——管道内的温度差异。

如果假定管道材料内的平均温度梯度 $\frac{\partial T}{\partial x_j}$ 应用于微观水平,则:

$$\Delta T = L n_j \frac{\partial T}{\partial x_j} \tag{3-21}$$

将式(3-20)和式(3-21)代入式(3-18),得到:

$$q_i = -\left(\frac{1}{V} \sum_{p=1}^{M} \frac{l^p n_i^p n_j^p}{\eta^p}\right) \frac{\partial T}{\partial x_j} \tag{3-22}$$

通过比较式(3-2)傅立叶定律,得到 PFC3D 热学材料导热性张量:

$$k_{ij} = \frac{1}{V} \sum_{p=1}^{M} \frac{l^p n_i^p n_j^p}{\eta^p} \tag{3-23}$$

在热力学各向同性材料,其导热性张量的值可由式(3-23)得到。但是对于贯穿测量区域小球,等式中体积的定义并不确定。因此,下面的方法用于计算一定测量范围内的 k_{ij}。将 PFC3D 颗粒与每个热容器相关联,则与每个颗粒相关的体积等于 $V^b/(1-n)$,其中 n 指孔隙率,V^b 指颗粒(球)体积,代入式(3-23),得到:

$$k_{ij} = \left(\frac{1-n}{\sum_{N_b} V^b}\right) \sum_{N_p} \frac{l^p n_i^p n_j^p}{\eta^p} \tag{3-24}$$

式中:N_b——测量范围内中心球数量;

N_p——测量范围内活动热管道数量;

n——测量范围内的孔隙率;

V^b——球体积;

l^p——测量范围内与球相关的热管道 p 的长度,如果球的中心在这个范围内,则认为小球在这个范围内;如果管道连接的两个小球都在这个范围内,那么 $l=L$,管道长度;如果只有一个在范围内,则 $l=LV_1/(V_1+V_2)$,其中 V_1、V_2 分别指范围内和范围外的球的体积;

n_i^p——沿管道方向的单位正向量;

η^p——管道 p 的热阻。

在热学各向同性材料中,导热性张量可以用单个参数 k 来表示,并且 $k_{ij} = k\delta_{ij}$。对于这种材料,假定所有管道 η 值一致:

$$k = \frac{1}{3}(k_{11}+k_{22}+k_{33}) = \frac{1}{3V\eta}\sum_{p=1}^{M} l^p(n_1^2+n_2^2+n_3^2) = \frac{1}{3V\eta}\sum_{p=1}^{M} l^p \tag{3-25}$$

此式可以通过改写用 k 表示 η:

$$\eta = \frac{1}{3Vk}\sum_{p=1}^{M} l^p \tag{3-26}$$

式(3-26)给出了 η 值,如果指定到所有管道,η 将会引起一种具有平均宏观传导性 k 的热学各向同性材料。在颗粒集合中通过单一扫描可以计算得到式(3-26)的总和。计算公式如下:

$$\begin{aligned}
\frac{|k_{12}|}{k} &= \frac{2\sum l |n_1 n_2|}{\sum l} \\
\frac{|k_{13}|}{k} &= \frac{2\sum l |n_1 n_3|}{\sum l} \\
\frac{|k_{23}|}{k} &= \frac{2\sum l |n_2 n_3|}{\sum l} \\
\frac{|k_{11}-k_{22}|}{k} &= \frac{2\sum l |n_1^2 - n_2^2|}{\sum l} \\
\frac{|k_{11}-k_{33}|}{k} &= \frac{2\sum l |n_1^2 - n_3^2|}{\sum l}
\end{aligned} \tag{3-27}$$

$$\frac{|k_{22}-k_{33}|}{k}=\frac{2\sum l|n_2^2-n_3^2|}{\sum l}$$

采用式(3-26)到测量范围区域时,使用表达式:

$$\eta=\frac{1}{3k}\left(\frac{1-n}{\sum_{N_b}V^b}\right)\sum_{N_p}l^p \tag{3-28}$$

式中符号含义同式(3-24)。

总之PFC3D通过考虑球形颗粒介质的运动及其相互作用来模拟颗粒材料的力学特性。其运动方程基于牛顿第二定律,其本构方程基于力和位移及刚度的定量关系,控制方程为:

$$\ddot{u}_i=\frac{F_i}{m},\Phi_i=\frac{M_i}{I} \tag{3-29}$$

$$F_n=k_n u_n,\Delta F_s=k_s\Delta u_s \tag{3-30}$$

PFC3D中的热模块允许模拟由PFC3D颗粒组成的材料的瞬态热传导和储存,并且能够模拟由热效应导致的位移和力的发展。导热材料由热容器网(与每个粒子有关)和热管(与接触有关)表示。热量在连接热容器处于激活状态的管道中流动。管道与每个接触有关,但这些管中只有一些是活跃的。默认情况下,如果两个粒子重叠或存在连接,那么这个管就是活跃的。一旦给定相应的微观参数,之后的加载和破坏将改变激活状态管道的数目,并且改变材料的热传导能力。PFC3D中的热传导方程为:

$$-\frac{\partial q_i}{\partial x_j}+q_v=\rho C_v\frac{\partial T}{\partial t},\ q_i=-k_{ij}\frac{\partial T}{\partial x_j} \tag{3-31}$$

式中:q_i——热通量矢量(W/m²);

q_v——体积热源强度或功率密度(W/m);

ρ——质量密度(kg/m³);

C_v——定容比热[J/(kg·℃)];

T——温度(℃);

k_{ij}——热导率张量[W/(m·℃)]。

在PFC3D材料中,通过改变每个粒子的半径和平行黏结中力荷载的大小使材料产生应变来模拟热效应,控制方程为:

$$\Delta R=\alpha R\Delta T \tag{3-32}$$

$$\Delta\bar{F}^n=-\bar{k}^n A\Delta U^n=-\bar{k}^n A(\bar{\alpha}\bar{L}\Delta T) \tag{3-33}$$

式中:α——线性热膨胀系数;

R——颗粒半径;

ΔT——颗粒温度增量;

ΔR——颗粒半径增量。

3.2 微冻胀填料物理力学参数研究

3.2.1 颗粒结构细观参数与宏观参数标定原则

原则上讲,通过对细观颗粒合成的材料赋予变形和强度等参数,可以得到任意物理力学特性的模型,如变形特性、强度特性等。但是如果想得到预期的物理模型,那么选择颗粒细观的结构参数与物理模型的宏观力学参数相对应的过程将是非常复杂的,这是因为颗粒离散元模型中各单元和真实的材料之间存在很多难于控制的因素,这些因素之间具有显著的非线性,而且相互影响很大。比如与材料强度有关的细观参数即颗粒之间的接触模量、平行黏结模量、法向平行黏结强度和切向平行黏结强度有关,如果同时变化多个参数来得到材料宏观强度的变化规律很难控制,而且是不太可能的。

为确保构建的模型能够反映期望的宏观物理力学行为,必须联系模型的某种力学特性(模型的宏观力学行为或响应)和一系列与之相关的材料参数特性(细观结构力学参数)。

颗粒流模型的细观参数一般是不能直接简单地与材料等一系列的宏观物理力学参数联系,这和连续介质的模型是有本质差别的。在连续介质中,模型的特性和材料的特性是事先就知道的,不需处理就能直接联系起来;而对于颗粒流模型,需要在固定颗粒尺寸和组装方式的前提下,将模型参数和可以选择的颗粒材料模型通过相应的数值模拟试验(单轴、三轴或巴西劈裂试验等)来建立他们之间的联系,这个过程通常称之为标定过程。

3.2.2 微冻胀填料细观参数标定

微冻胀填料的细观模型参数即细观参数包括法向刚度 k_n、切向刚度 k_s 等,目前无法通过室内试验或其他方法测量获得,必须先合理确定颗粒细观参数。而目前对于混合料,只能通过室内或现场试验获得弹性模量、泊松比、内摩擦角以及黏聚力等宏观参数,故需要通过数值模拟试验来建立微冻胀填料宏观参数和细观参数之间的关系,通过混合料的宏观参数来合理确定混合料的细观参数,使颗粒流数值模拟更加符合混合料宏观力学性质的现实状况,进而研究细观力学性质对宏观力学性质的影响。

本节主要通过对土体进行平面应变数值试验,采用适当的接触本构模型,运用数值伺服机理调节控制应力加载和围压应力,分析土体颗粒间的摩擦系数、接触强度等细观参数的变化对宏观参数的影响,建立宏细观参数的联系,最终确定目标微冻胀填料的细观参数。

1) 标定试验运行原理

(1) 数值试验假设

在PFC3D中,标定数值试验就是通过对土体颗粒进行平面应变数值试验得到土体应力应变关系方面宏观响应,从而得到土体的力学变形参数,并建立起土体的宏细观参数关系。

土体的宏细观参数关系受很多因素影响,如土体颗粒级配、颗粒接触本构模型等。考虑到二者之间关系复杂,这里只考虑部分细观参数对土体宏观力学性能的影响,从而建立基于特定土体颗粒的局部宏细观参数关系,同时做如下假定:

①标定试验是基于平面应变的双轴试验。

②试样初始孔隙率以土体在自重作用下的孔隙率为基准,但在数值标定过程中忽略土体自重对力学宏观响应的影响。

③标定试验的目标是建立细观参数与宏观参数的关系,具体如下:

$$\varphi = \varphi(E_n, k_n/k_s, f_{ric}) \tag{3-34}$$

$$c = c(E_n, k_n/k_s, f_{ric}) \tag{3-35}$$

$$E_n = \frac{k_n}{2t} \tag{3-36}$$

式中:φ——土体的内摩擦角;

c——土体的黏聚力;

E_n——颗粒间的接触变形模量;

t——颗粒圆盘的厚度一般情况系统默认为1;

k_n、k_s——分别为颗粒的法向刚度和切向刚度;

f_{ric}——颗粒的摩擦系数。

(2) 数值试验原理

平面应变试验中通常采用平面应变试验仪作为试验平台,将试样包裹在橡皮膜中,通过压力室中水压力来施加小主应力 σ_3,而通过竖向加压设备来施加大主应力 σ_1,通过测微表测量轴向应变,即大主应变 ε_1,同时量测排出水的体积,推求试样的体积应变 ε_v,由于中主应力方向的应变 $\varepsilon_2 = 0$,故小主应变 $\varepsilon_3 = \varepsilon_v - \varepsilon_1$,从而研究平面应变问题中大小主应力变化所引起的大小主应变的变化。

在颗粒流数值试验中,以刚性墙体来模拟作为试验平台,如图3-3所示。将数值试件包裹在墙体中,通过伺服机制控制围压,而通过竖向墙体运动来施加大主应力,同时监控墙体位置以获得轴向应变和体积应变,最后通过类似室内试验方法来研究大小主应力变化所引起的大小主应变的变化。

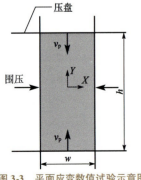

图3-3 平面应变数值试验示意图

w、h-试样尺寸;v_p-压盘速度

(3) 应力应变计算

在颗粒流数值试验中,无法得到连续介质力学中定义的应

力。试件的大小主应力通过作用在每个方向颗粒与墙体的接触合力除以墙体长度来等效计算,如式(3-37)所示。试件的加载是通过使上下墙体以一定速度相对运动,引起作用在上下墙体的接触合力的变化来实现的。

$$\sigma^{\text{wall}} = \frac{\sum_{i=1}^{N}(k_n^{\text{wall}})_i t_i}{L^{\text{wall}}} \tag{3-37}$$

式中:σ^{wall}——作用在试样水平方向或竖直方向的等效应力;

N——与墙体发生接触的颗粒总数目;

$(k_n^{\text{wall}})_i$——第 i 个颗粒和墙体的接触刚度;

t_i——第 i 个颗粒和墙体的接触深度;

L^{wall}——试件在水平方向或竖直方向长度。

在水平 X 方向和竖直 Y 方向的应变按下式计算:

$$\varepsilon_{x,y} = \frac{2(L-L_0)}{L+L_0} \tag{3-38}$$

式中:L——当前试样在 X 或 Y 方向上的长度;

L_0——当前试样在相应方向上的初始长度。

(4)试验加载应力伺服机制

在平面应变试验中,主要通过压力室静水压力来保证小主应力 σ_3 恒定。而在颗粒流模拟平面应变试验中是通过调整侧墙速度来保持试件小主应力恒定。

侧墙速度方程为:

$$\dot{x}^{\text{wall}} = G(\sigma^{\text{measured}} - \sigma^{\text{required}}) = G \cdot \Delta\sigma \tag{3-39}$$

式中:σ^{measured}——作用在侧墙上的实测等效应力;

σ^{required}——作用在试样上的围压。

参数 G 可通过以下方法推求:

在一个时步内作用在墙体的最大接触力增量为:

$$\Delta F^{\text{wall}} = k_c^{\text{wall}} N_c \dot{x}^{\text{wall}} \Delta t \tag{3-40}$$

式中:N_c——墙体与颗粒接触数量;

k_c^{wall}——墙体和颗粒接触的平均刚度。

作用在墙体应力变化平均值为:

$$\Delta\sigma^{\text{wall}} = \frac{k_n^{\text{wall}} N_c \dot{x}^{\text{wall}} \Delta t}{L^{\text{wall}}} \tag{3-41}$$

对于稳定状态,墙体应力变化绝对值必须小于 $\Delta\sigma$。为此,引入松弛因子 α,则有:

$$|\Delta\sigma^{\text{wall}}| < \alpha|\Delta\sigma| \tag{3-42}$$

将式(3-38)代入式(3-39)得:

$$\frac{k_n^{wall} N_c G |\Delta\sigma| \Delta t}{L} < \alpha |\Delta\sigma| \tag{3-43}$$

$$G = \frac{\alpha A}{k_n^{wall} N_c \Delta t} \tag{3-44}$$

2）微冻胀填料标定试验

(1) 微冻胀填料宏观参数的确定

根据试验室经验参数标定目标微冻胀填料骨架颗粒,见表3-3。

微冻胀填料土力学性质参数表 表3-3

密度 ρ (kg/m³)	孔隙比 e	弹性模量 E (MPa)	内摩擦角 φ (°)	黏聚力 c (kPa)
2650	0.4	14.1	10°（12°）、15°、20°、25°、30°、35°、40°、45°	5

(2) 孔隙率讨论

计算过程中,颗粒为三维颗粒状,采用初始孔隙率为0.4。

计算实例取底面直径 $d=15\mathrm{cm}$,高度 $h=15\mathrm{cm}$ 的圆柱体。认为现场土体实际上是在重力作用下达到平衡稳定状态,故可取颗粒在重力平衡后的土体孔隙率为土体试样孔隙率,具体步骤如下：

①定义初始孔隙率为0.4,在指定计算空间内生成土体颗粒,然后平衡计算,完成土体颗粒初始平衡。

②施加重力场,土体颗粒在自重作用下逐渐沉积,最终系统达到平衡状态。

③遍历所有土体颗粒,计算颗粒土体表面竖向位置 y_{max} 和土体颗粒累计面积,最后得出土体在重力平衡下的土体实际孔隙率。

经过多次对实际土体重力平衡取平均值,取试样土体孔隙率为0.24。

(3) 标定数值试验

根据级配中最大颗粒直径 $d_{max}=30\mathrm{mm}$,取试样宽度 $W=5d_{max}$,试样高度 $H=2W$,则最终确定试样尺寸 $W\times H=0.15\mathrm{m}\times 0.3\mathrm{m}$。初始孔隙率 $n=0.4$。数值试验具体可分以下几步：

①定义颗粒半径放大倍数为 k（通常 $k>2$）。同时按定义孔隙率和二维空间面积,根据第 i 级配含量计算该级配颗粒总面积 $\overline{A_i}$ 和累计级配颗粒总面积 $\sum \overline{A_i}$。

②根据第 i 级配粒径范围 $[r_{min}^i, r_{max}^i]$ 和放大倍数 k,初步估计该级配颗粒总数 N_i,如式(3-45)所示。

$$N_i = \frac{4k^2 \overline{A_i}}{\pi \cdot (r_{min}^i + r_{max}^i)^2} \tag{3-45}$$

③运行PFC中内置命令generate,在指定范围内第 i 粒组颗粒生成 N_i 个,颗粒半径在粒径范围 $[r_{min}^i, r_{max}^i]$ 内服从均匀分布。

④遍历该级配内所有颗粒,计算各颗粒面积并累加,同时倍乘 k^2,得到已生成第 i 级配颗粒的累计面积 $\sum A_i$ 和已生成所有颗粒的累计总面积 $\sum\sum A_i$(包括含簇单元级配颗粒)。当同时满足式(3-45)和③时完成第 i 组颗粒生成。

⑤当不能满足上述条件时,删除已生成的第 i 组粒组所有颗粒。

⑥按式(3-46)或式(3-47)重新计算第 i 粒组颗粒数目。

$$N_i = N_i - \frac{4m(\sum A_i - \overline{A_i})}{\pi(r_{\min}^i + r_{\max}^i)^2} \tag{3-46}$$

式中:m——面积经验系数,与指定范围面积和颗粒半径范围 $[r_{\min}^i, r_{\max}^i]$ 有关,可取 0.3~0.9。

$$N_i = N_i - n_i \tag{3-47}$$

式中:n_i——颗粒数差值,与粒组百分数、粒组平均直径以及空间总面积有关。

⑦循环③~⑥步,直至完成第 i 粒组颗粒生成。

⑧重复①~⑤步,完成所有不含簇单元级配颗粒生成。

⑨将所有不含簇单元级配颗粒半径放大 k 倍,然后计算至系统平衡。

⑩对于计算循环过程中逃逸出指定范围的颗粒,记录其颗粒编号和半径信息并将其删除,然后使用 ball 命令在指定范围内重新生成同样编号和半径的颗粒,最后重新计算至系统平衡。

(4)试验加载

本标定试验为静力加载试验,所以在标定试验加载过程中应保持颗粒系统稳定,本试验采用加载原则是保持颗粒系统在应力增大过程中平均不平衡力与平均接触的比值小于 0.01,即试样系统基本平衡状态。具体步骤如下:

①对生成的平衡试样颗粒,移动水平和竖直方向墙体,同时启动试验加载双向应力伺服机制,计算至作用在试样上水平应力和竖直应力与小主应力 $\sigma_3 = 100\text{kPa}$ 的误差小于 0.1%。

②利用 History 命令设置小主应力 σ_3、偏应力 $\sigma_1 - \sigma_3$、轴应变 ε_1,以及体积应变 ε_v 等时程变量。

③为保持围压恒定,关闭试验加载双向应力伺服机制,启动水平方向应力伺服机制,以速度 $v = 0.1\text{m/s}$ 平衡移动竖向墙体对试样进行竖向加载,计算至偏应力峰值出现或轴应变 $\varepsilon_1 > 15\%$。

④改变围压 σ_3 为 200kPa、400kPa,重复步骤①~③,完成一个试样标定试验。

⑤修改颗粒、墙体细观参数并计算至试样颗粒系统平衡,然后重复步骤①~④,直至完成所有试样标定。

3)标定试验结果分析

(1)标定试验结果

根据以上所述数值模拟步骤,对于细观参数(法向刚度 k_n,法向和切向刚度比 k_n/k_s 以及颗粒摩擦角 φ、摩擦系数 f_{ric})分别取四组参数,进行平面应变数值试验,不同细观参数组合标定微冻胀填料骨架颗粒摩擦系数,见表3-4。而颗粒刚度为:骨架颗粒 $k_n = k_s = 2 \times 10^6$;填充料:$k_n = k_s = 2 \times 10^5$。

微冻胀填料骨架颗粒摩擦系数　　　　表3-4

项目	参数						
φ	10°(12°)	15°	20°	25°	30°	35°	40°
f_{ric}	0.005	0.31	0.47	0.5	0.55	0.6	0.93

(2)细观参数对宏观力学参数影响分析

法向刚度、法向和切向刚度比以及颗粒摩擦系数等细观参数改变影响着微冻胀填料颗粒系统的细观力学行为,进而使试件表现出不同的宏观力学性质。宏观参数杨氏模量随法向、切向刚度增大而增大,而与刚度比却存在反比的关系。

(3)微冻胀填料细观参数预测与确定

现将表3-4中的土体宏观参数代入式(3-34)~式(3-36),可得到主要细观参数点预测值和置信区间,见表3-5。

微冻胀填料主要细观参数点预测值和置信区间　　　　表3-5

参数类型	点预测值	置信区间(95%,双侧)
k_n	4.88	[3.19,6.57]
k_n/k_s	1.40	[0.16,2.63]
f_{ric}	0.36	[0,1.00]

综合上述分析,在各细观参数置信区间内取不同参数重新组合进行数值试验,最后经过比较确定混合料细观参数。

混合料颗粒细观参数的合理选择是颗粒流数值模拟中一个非常重要的环节。由于当前宏细观参数关系尚未有系统研究,故微冻胀填料标定试验过程其实为反分析过程,整个过程类似于"打靶"。选择逐步逼近方法完成全部标定过程,从而合理确定目标混合料的细观参数。首先进行大量数值试验,并分析不同细观参数对土体宏观力学行为的影响,然后进行回归分析,计算出不同细观参数点预测值和置信区间,最后在细观参数置信区间内进行不同参数组合再进行数值试验,得出符合标定目标土体的细观参数,从而为微冻胀填料冻胀内外约束规律研究分析做了铺垫。

3.3　微冻胀填料外部约束研究

3.3.1　微冻胀填料冻胀外部约束模型

本节主要研究微冻胀填料在冻胀过程中填充料冻胀和整个试件发生膨胀相互作用关

系时外部约束的影响,数值模型试样采用室内试验模型试样,即高度150mm、直径150mm的圆筒。首先通过wall单元生成圆柱形区域,在区域内随机生成6组级配颗粒,级配曲线如图3-4所示。

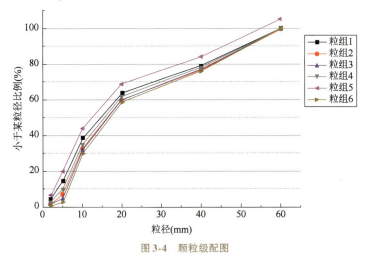

图3-4 颗粒级配图

其中,最大粒组6颗粒平均粒径3cm,次大粒组5颗粒平均粒径2cm,粒组4颗粒平均粒径1cm,粒组3颗粒平均粒径5mm,粒组2颗粒平均粒径2.5mm,最小粒组1颗粒平均粒径2mm,并将除粒组1以外的粒组视为微冻胀填料骨架,而最小粒组视为填充料。同时赋予颗粒重力加速度,重新设定微冻胀填料骨架摩擦系数为0.31,而填充料组设置微小摩擦系数为0.01,填充料含量设置为10%。数值模拟具体参数见表3-6;设置不同的上覆荷载,见表3-7。

模型基本参数　　　　　　　　　　　　　　　表3-6

粒组	粒径(cm)	含量(%)	颗粒摩擦系数	颗粒密度(g/cm³)	颗粒刚度(N/m)
1	0.2	10	0.01	2.650	2e5
2	0.25	8	0.31	2.650	2e6
3	0.5	18	0.31	2.650	2e6
4	1	22	0.31	2.650	2e6
5	2	20	0.31	2.650	2e6
6	3	22	0.31	2.650	2e6

模型外部约束参数　　　　　　　　　　　　　表3-7

粒组	1	2	3	4	5	6
上覆荷载(kN)	5	10	20	40	60	142

让颗粒体在自重作用下沉积,来模拟初始应力状态,底面和侧面 wall 单元赋予与微冻胀填料相同的刚度,侧面 wall 单元赋予摩擦系数 0,来模拟相应的位移边界。微冻胀填料骨架和填充料均采用平行黏结的颗粒来模拟。自重作用下的模型如图 3-5 所示;自重平衡下颗粒间的接触力链分布如图 3-6 所示。

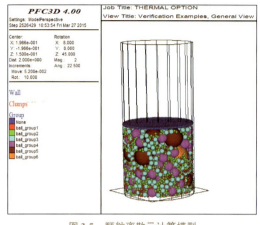

图 3-5 颗粒离散元计算模型

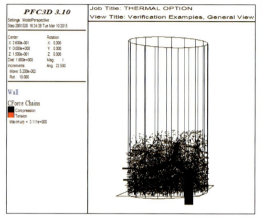

图 3-6 自重作用下颗粒间接触力链分布

参照文献[125]使用人工冻土一维冻胀试验系统对冻胀敏感性粉质黏土在微冻胀填料中进行了一维冻胀试验。该试验采用经过晒干、碾碎、加水后制成的干密度为 2650kg/m³ 的重塑土样。根据文献[135]中的试验土样建立相应的数值模型,颗粒重力平衡后按膨胀量大小在 PFC3D 温度模块膨胀不同的体积。温度在颗粒间通过其间热管传递,温度作用模型如图 3-7 所示。在相同的条件下(试样初始温度 +0℃),底部施加逐级递增温至 120℃ 对上述土的冻胀行为进行模拟。数值模型同样由一个刚性底壁和一个刚性圆筒侧壁代表的硬质玻璃容器以及由随机排列的级配颗粒组成。侧面墙体用来抑制土的横向扩展,并允许土体一维向上冻胀。表 3-8 列出了微冻胀填料冻胀模型热力学参数。

微冻胀填料冻胀模型参数　　　　　　表 3-8

项目		参数
摩擦系数 μ	骨架颗粒之间	0.31
	填充料颗粒之间	0.01
	墙与颗粒之间	0.0
刚度(法向/切向)k(MN/m)	底部墙体和侧面墙体	20.0
	骨架颗粒	2.0
	填充料颗粒	0.2
比热容 C_v[J/(g·℃)]	骨架颗粒	1.061
	填充料颗粒	1.7
导热系数 κ[W/(m·℃)]		1.0
线性热膨胀系数 α(1/℃)		0.003

图 3-7 温度模型

土冻胀模拟过程：

(1)球颗粒在 9.80m/s² 的重力加速度作用下下落,直到达到静力平衡。此外,热边界条件和初始条件通过对墙体指定隔热条件及初始化所有颗粒的温度为逐级递增温,施加在具有约束边界的数值模型上。

(2)将逐级递增温施加到容器底壁上,考虑实际冻胀量情况与软件在级配下混合料膨胀关系,通过设置填充料的线性膨胀系数,即其膨胀量随温度的升高而增大,微冻胀填料中填充量升温达到不同的膨胀量模拟填料的冻胀量。

(3)数值试样采用从底端 0℃ 开始,按每级递增 1~10℃,然后按每级递增 15~60℃ 升温膨胀,当所有的球温度均达到每级设定温度时,冻胀继续传递热量直到最终温度并设置严格的收敛条件,模拟结束。

其不同外荷载作用下计算模型如图 3-8 所示。

a)20kPa   b)40kPa

图 3-8

c)60kPa

图 3-8　不同外荷作用下的计算模型

3.3.2　微冻胀填料外部压力与冻胀关系

增加外部荷载对土体冻胀发生显著的抑制作用,这是由于外部附加压力增加,增大了土颗粒间的接触应力,降低了土中冰的冻结点及初始含水率,并且抑制了水分迁移的过程,使土中水的液、固态转换受到影响。当荷载增加到一定值时,冻结面不能吸水,中断了未冻区水分向冻结前缘带的迁移,土体冻胀停止,此时的荷载被称为中断压力,一般粉质土的中断压力为 300~500kPa,但若温度再下降,冻胀仍可能发生,一般情况下路基上部荷载及行车荷载较难达到中断压力。但实际上,有时比中断压力小的压应力也能较显著地阻止水分向冻结前缘带迁移,并有效地减小冻胀量。如从路基断面形状看,高路堤和深路堑两种形式的路基结构冻胀量是有较大差异的:一是路堤结构土体水分迁移运动比路堑差很多,产生的冻胀量较路堑要小;二是高路堤因垫层等对路基产生的压应力较路堑要大得多,也存在荷载抑制作用,使冻胀量减小。随着列车速度提高及轴重的增加,路基冻深和原来相比有减少的趋势,这说明增加外部荷载对土体冻胀有显著的抑制作用。本节研究了不同上覆荷载条件下填充料膨胀量和微冻胀填料膨胀量之间的关系,具体微冻胀填料采取 7% 填充料含量、骨架颗粒摩擦系数为 0.31,上部荷载取 5kN、10kN、20kN、40kN、60kN、142kN。不同外部约束作用下颗粒间力链如图 3-9 所示。

从微冻胀填料不同外部约束作用下颗粒间力链图分析可知,当混合料颗粒间摩擦系数一定时,随着微冻胀填料颗粒外部荷载的增加,其颗粒间力链更发达、更均衡。究其原因是外部约束越大,骨架颗粒间的填充料颗粒能更好地被挤压入骨架孔隙中,混合料颗粒能达到更好的压密效果,对力链的贡献亦较大。10℃时不同外部约束作用下混合料膨胀情况如图 3-10 所示;60℃时不同外部约束作用下混合料膨胀情况如图 3-11 所示。

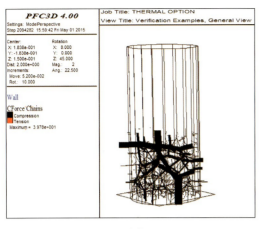

a) 上部荷载5kN

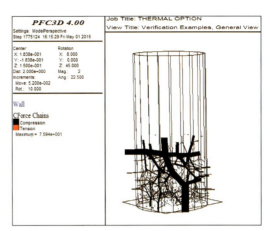

b) 上部荷载10kN

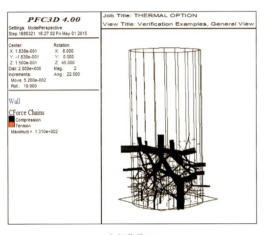

c) 上部荷载20kN

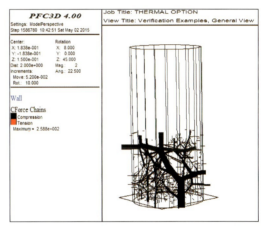

d) 上部荷载40kN

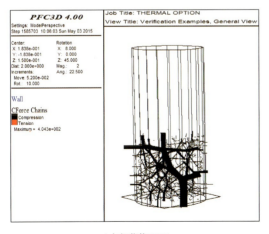

e) 上部荷载60kN

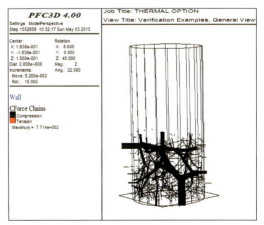

f) 上部荷载142kN

图 3-9　不同外部约束作用下颗粒间力链图

a) 上部荷载5kN　　　　　　　　　b) 上部荷载10kN

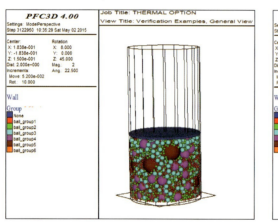
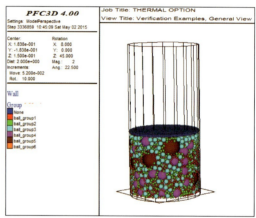

c) 上部荷载20kN　　　　　　　　　d) 上部荷载40kN

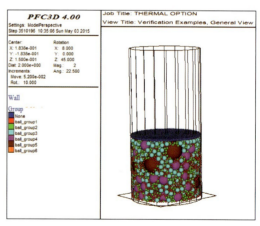

e) 上部荷载60kN　　　　　　　　　f) 上部荷载142kN

图3-10　10℃时不同外部约束作用下混合料膨胀图

a) 上部荷载5kN

b) 上部荷载10kN

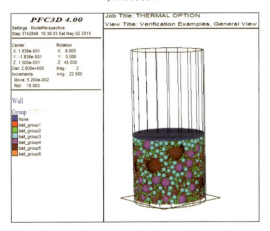

c) 上部荷载20kN

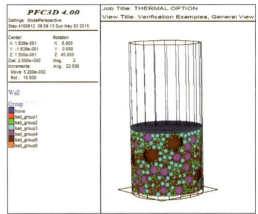

d) 上部荷载40kN

e) 上部荷载60kN

f) 上部荷载142kN

图3-11　60℃时不同外部约束作用下混合料膨胀图

从不同温度效应不同外部约束作用下微冻胀填料膨胀图可看出：一般情况下，微冻胀填料的膨胀随着外部约束增加而减少，但外部约束的增大会压密微冻胀填料，致使混合料宏观上膨胀量减少。

10℃和60℃时不同外部约束作用下试样顶面位移分别如图3-12、图3-13所示。

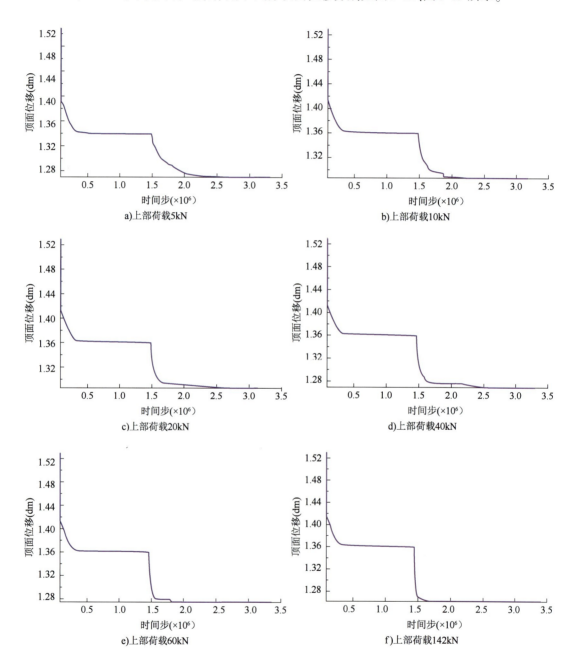

图3-12　10℃时不同外部约束作用下试样顶面位移图

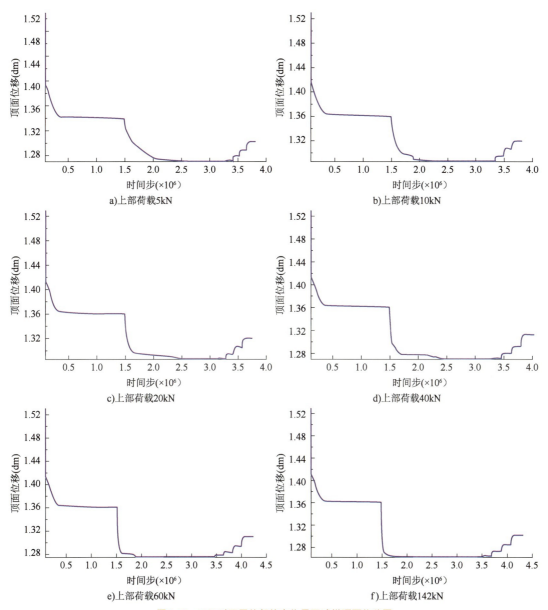

图 3-13　60℃时不同外部约束作用下试样顶面位移图

由图 3-13 可知：当混合料膨胀较小时，试样顶面位移均趋向于 13cm，随着混合料膨胀的增加，试样顶面位移呈台阶或上升，并且外部约束小时，试样顶面位移与时间关系曲线斜率较大；而随着外部约束作用增大，试样顶面位移与时间关系曲线斜率亦较小。分析其原因：一般情况下，随着微冻胀填料膨胀增大，试样顶面位移逐渐增大；而当外部约束较大时，在填充料膨胀大产生膨胀力大，而混合料外部约束较大，在强温度效应下，微冻胀填料膨胀受到更大的抑制力作用，阻碍其膨胀。随着填充料膨胀量的增加，上覆荷载越大，试样顶面上升越小，证明上覆荷载对微冻胀填料有抑制作用。原因填充料膨胀时，上覆荷载增加对填充料膨胀的约束力较大，抑制其发展。

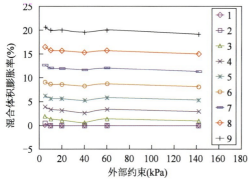

图 3-14 微冻胀填料在不同外部约束作用下的膨胀情况

图 3-14 是试样在填充料含量 7% 时微冻胀填料于不同外部约束(5kN、10kN、20kN、40kN、60kN 与 142kN)作用下的膨胀情况。其混合料骨架摩擦系数均为 0.31。图中 1~9 系列指不同膨胀百分比。1~9 系列分别为 10℃、15℃、30℃、45℃、60℃、75℃、90℃、105℃、120℃ 温度条件下混合料的膨胀。

由图 3-14 可知,总体趋势为随着外部约束的增加,微冻胀填料膨胀呈减少趋势。荷载小时,膨胀减少随荷载的增加呈非线性减少,随着外部荷载趋于无穷,膨胀收敛于某一值。当然在同一外部约束作用下,温度越高,混合料膨胀越大。该现象主要是因为外部荷载制约微冻胀填料膨胀。

3.4 微冻胀填料内部约束研究

3.4.1 微冻胀填料冻胀内部约束模型

本节主要研究微冻胀填料在冻胀过程中填充料冻胀和整个试件发生膨胀的相互作用关系时内部约束的影响,数值模型与级配曲线均与外部约束相同(图 3-5)。自重作用下颗粒离散元计算模型与颗粒间接触力链分布均与外部约束计算时相同(图 3-6)。

各粒组颗粒平均粒径与外部约束计算相同,同时赋予颗粒重力加速度,重新设定微冻胀填料骨架不同摩擦系数,填充料组设置微小摩擦系数为 0.01。填充料设置成含量 10%。数值模拟具体参数见表 3-9;并设置不同的内部约束参数,见表 3-10。

模型基本参数　　　　　　表 3-9

粒组	粒径(cm)	含量(%)	颗粒摩擦系数	颗粒密度(g/cm³)	颗粒刚度(N/m)
1	0.2	10	0.01	2.650	2×10^5
2	0.25	8	如下表	2.650	2×10^6
3	0.5	18		2.650	2×10^6
4	1	22		2.650	2×10^6
5	2	20		2.650	2×10^6
6	3	22		2.650	2×10^6

模型内部约束参数　　　　　　　　　　　　　　表 3-10

项目	参数						
φ	10°(12°)	15°	20°	25°	30°	35°	40°
f_{ric}	0.005	0.31	0.47	0.5	0.55	0.6	0.93

同样使用人工冻土一维冻胀试验系统对微冻胀填料进行一维冻胀试验。重塑土样干密度也为 2650kg/m³。冻胀行为模拟条件与外部约束计算相同，温度模型同样参照图 3-7。微冻胀填料冻胀模型热力学参数与外部约束计算时相同，参照表 3-7。

土冻胀模拟过程与外部约束计算时相同，其不同膨胀量条件下计算模型如图 3-15 所示。

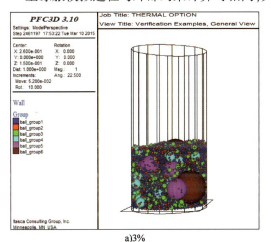

a)3%

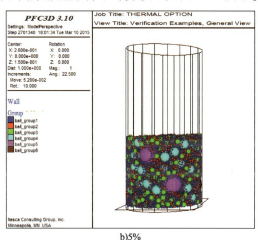

b)5%

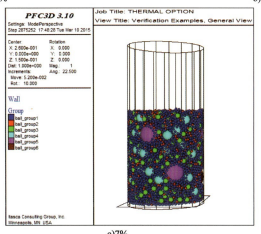

c)7%

图 3-15　不同冻胀量条件下计算模型

3.4.2　微冻胀填料骨架颗粒强度与冻胀关系

根据微冻胀填料骨架形状，当混合料为砾石时摩擦角相对较小，而当混合料为碎石时，其摩擦角相对较大。数值模拟时的颗粒虽然为标准圆球，但软件可以调整球（颗粒）的摩擦系数，并基于双轴试验得到的微观参数调整数值模拟的相关系数，使其贴近真实情况，从而有效地模拟微冻胀填料强度。本书根据不同的摩擦系数情况下填充料膨胀和微冻胀填料膨胀之间的关系,具体微冻胀填料宏观参数摩擦角取为 10°、15°、20°、25°、30°、35°、40°(10% 填充料含量)。微冻胀填料微观与宏观参数同表 3-8。

不同摩擦系数条件下模型及颗粒力链图如图 3-16、图 3-17 所示。

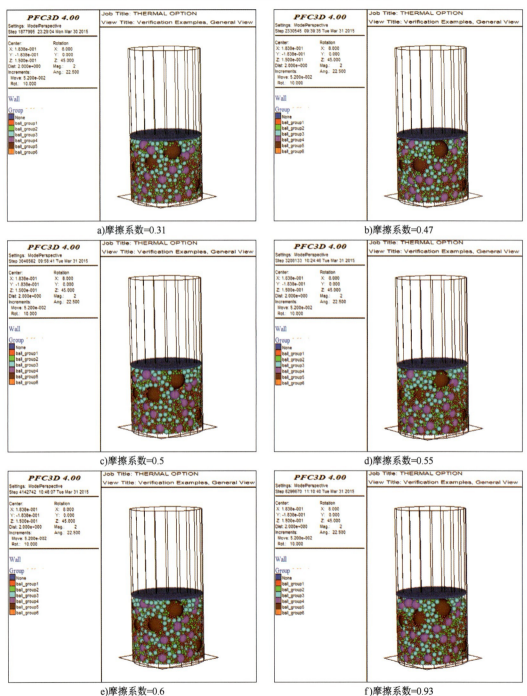

图 3-16　不同摩擦系数模型图

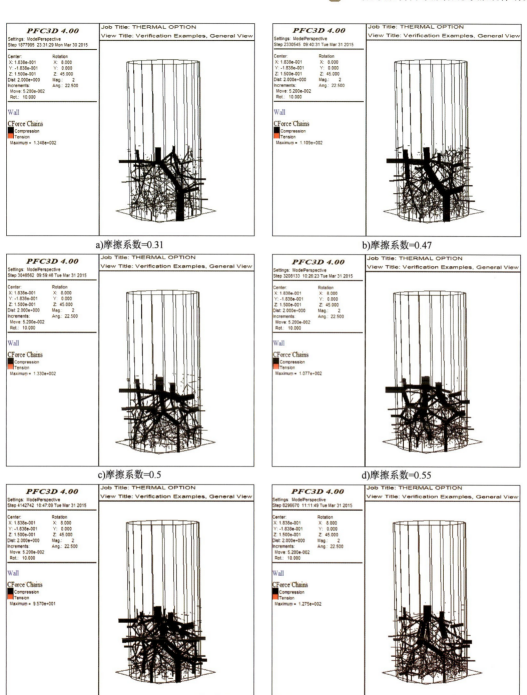

图 3-17 不同摩擦系数条件下颗粒间力链图

从微冻胀填料不同摩擦系数图可知,试样在压实过程中,当混合料颗粒间摩擦系数较小时,试样压实程度小,原因是颗粒间不能更好地挤密,而当混合料颗粒间摩擦系数较大时,试样压实程度大,这是因为此时颗粒间摩擦角较大,试样能达到更好的密实效果。

由不同摩擦系数条件下颗粒间力链图可知,随着微冻胀填料颗粒摩擦系数的增加,其颗粒间力链更发达、更均衡。究其原因是混合料强度大,所受作用力较大,对力链的贡献亦较大。在10℃和60℃条件下,不同摩擦系数条件下混合料膨胀情况分别如图3-18、图3-19所示。

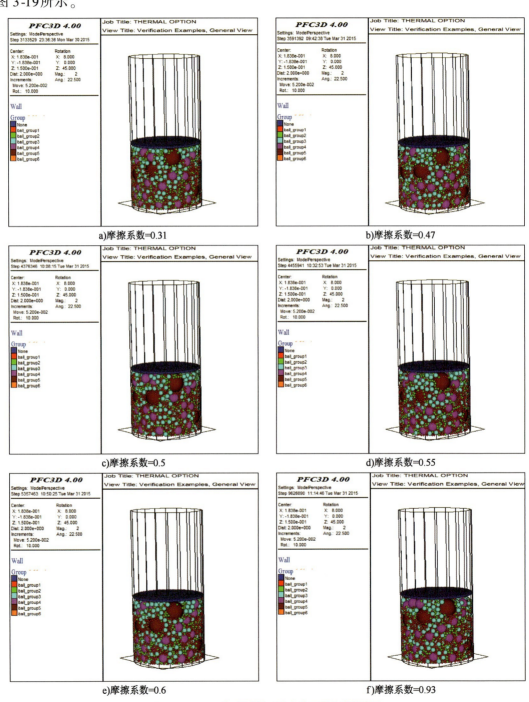

图3-18 10℃时不同摩擦系数条件下混合料膨胀图

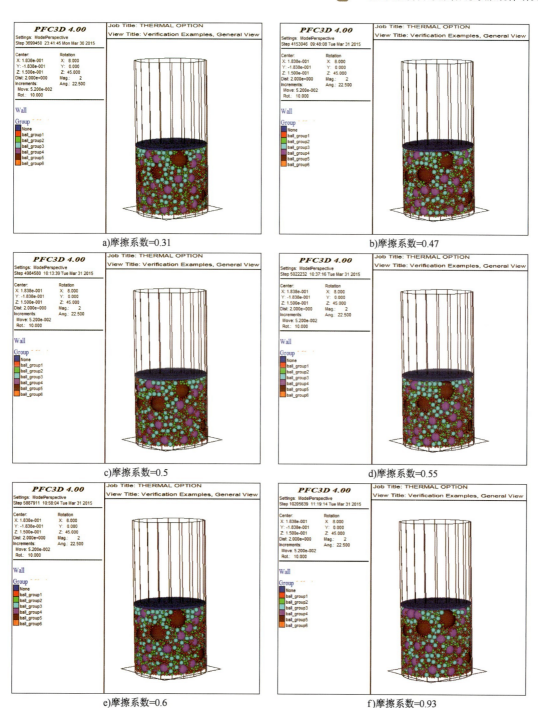

图3-19 60℃时不同摩擦系数条件下混合料膨胀图

从不同温度效应、不同摩擦系数条件下微冻胀填料膨胀图可以看出:一般情况下,微冻胀填料的膨胀随着填充料含量的增加而增大,填充料膨胀先填满孔隙,然后使混合料在宏观上表现出膨胀。当填充料膨胀刚填满混合料骨架孔隙时,尽管充填继续膨胀,微冻胀填料在宏观上并没有膨胀,主要是因为微冻胀填料骨架强度和试样顶部荷载对填充料的膨胀有约束作用,抑制其膨胀,使混合料宏观上表现为不膨胀。当随着充填再进一步膨胀,此时填充料膨胀产生的膨胀增大,而混合料对其约束力为固定值,这样填充料膨胀将冲破骨架膨胀,混合料此后也随之表现为宏观膨胀,试样顶面抬升。

在10℃和60℃时不同摩擦系数条件下试样顶面位移分别如图3-20、图3-21所示。

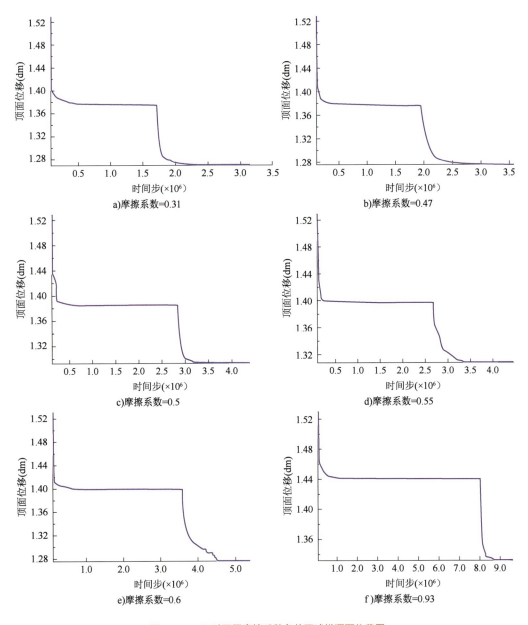

图3-20 10℃时不同摩擦系数条件下试样顶面位移图

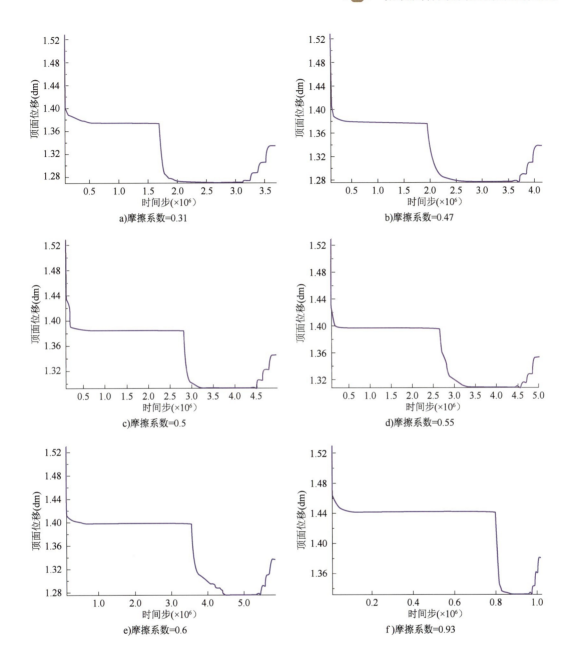

图 3-21　60℃时不同摩擦系数条件下试样顶面位移图

从微冻胀填料不同摩擦系数条件下试样顶面位移图可知，当混合料膨胀较小时，试样顶面位移几乎一致，均趋向于某一小值，随着混合料膨胀量的增加，试样顶面位移呈台阶形式上升，并且在摩擦系数小时，试样顶面位移与时程关系曲线斜率较小，而随着摩擦系数增大，试样顶面位移与时程关系曲线斜率较大，并趋于无穷。其原因为：一般情况下，随着微冻胀填料膨胀的增大，试样顶面位移逐渐增大；而当摩擦系数较大时，混合料强度大，在填充料膨胀大时产生的膨胀力大,在强温度效应下,于试样顶面产生更大的作用力。骨架颗粒摩擦系数较小时,混合料试样顶面位移较大;骨架颗粒摩擦系数较大时,混合料试样顶面位移较少。主要原因为在骨架颗粒摩擦系数较小时,骨架颗粒间的力较小,填充料颗粒可以在骨架颗粒间自由移动,更易造成更大的混合料宏观膨胀量,而混合料骨架颗粒摩擦系数较大时,填充料颗粒在骨架颗粒间运动更难,所以此时混合料宏观膨胀量较小。

在微冻胀填料骨架颗粒不同摩擦系数(f_{ric})、不同细粒含量情况下,填充料冻胀量与混合料冻胀量关系如图3-22~图3-29所示。

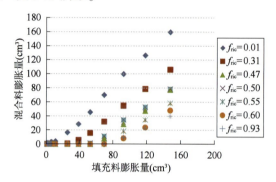

图3-22 含量3%填充料冻胀量与混合料冻胀量关系

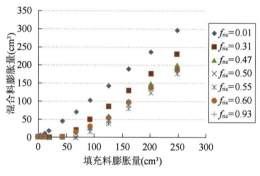

图3-23 含量5%填充料冻胀量与混合料冻胀量关系

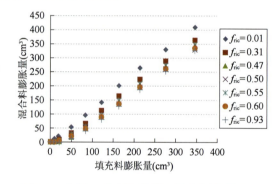

图3-24 含量7%填充料冻胀量与混合料冻胀量关系

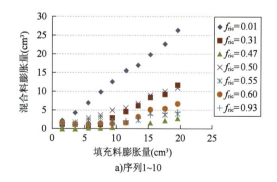

a)序列1~10

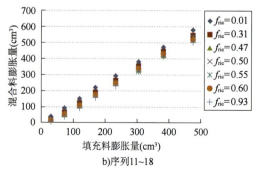

b)序列11~18

图3-25 含量10%填充料冻胀量与混合料冻胀量关系

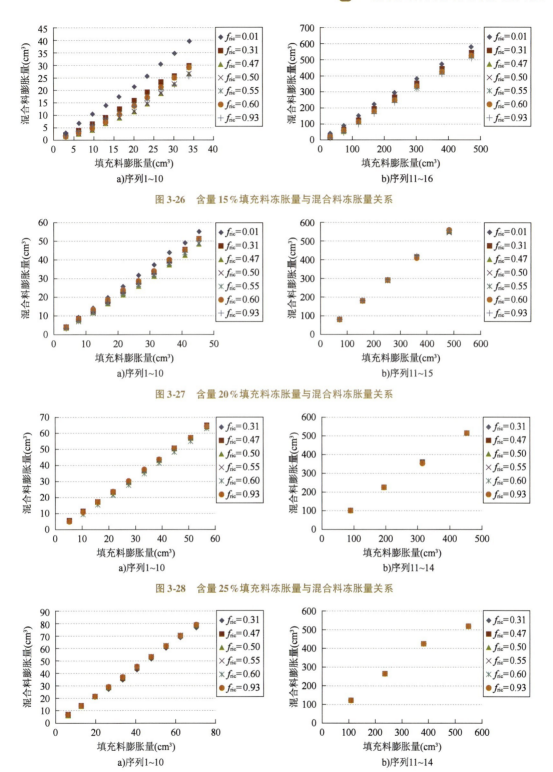

图 3-26　含量 15% 填充料冻胀量与混合料冻胀量关系

图 3-27　含量 20% 填充料冻胀量与混合料冻胀量关系

图 3-28　含量 25% 填充料冻胀量与混合料冻胀量关系

图 3-29　含量 30% 填充料冻胀量与混合料冻胀量关系

从图 3-22～图 3-28 可以看出：填充料含量少时，随着填充料冻胀增大；微冻胀填料膨胀亦增大，填充料冻胀与微冻胀填料冻胀成线性膨胀增长趋势，并且斜率相差较大；斜率随骨架颗粒摩擦系数的减小而增大，此时摩擦系数对混合料冻胀影响较大。主要原因是：在填充料含量少时，填充料颗粒分布于微冻胀填料骨架颗粒之间；在骨架颗粒摩擦系数大时，填充料颗粒受到的内部约束也较大，更易在膨胀的时候被挤压，从而更易充填骨架孔隙。

填充料含量较大时，随着填充料冻胀的增大，微冻胀填料膨胀亦增大，填充料冻胀与微冻胀填料冻胀呈线性增长趋势，并且斜率几乎相等，这时摩擦系数对混合料膨胀影响较小。主要原因是填充料含量多时，填充料颗粒分布于微冻胀填料骨架孔隙里以及骨架颗粒之间，这样骨架颗粒摩擦系数对混合料冻胀影响不大。

图 3-30 是同压力情况下，不同摩擦系数情况时，填充料在膨胀过程中，摩擦系数与微冻胀填料膨胀之密度关系。序列 1～18 为升温不同温度，表示试样从 0℃ 开始，按每级递增 1～10℃，然后按每级递增 15～120℃ 升温膨胀，模拟填充料膨胀不同的膨胀量时微冻胀填料膨胀情况。

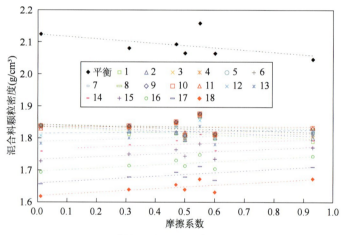

图 3-30　摩擦系数与微冻胀填料的密度关系

从图 3-30 可以看出：在微冻胀填料平衡过程中，随着摩擦系数的增大混合料密度减小，主要原因是在混合料在重力平衡时，骨架颗粒强度会阻止混合料密实；而在填充料膨胀过程中，微冻胀填料骨架颗粒摩擦系数越大混合料密度越大，主要原因是在填充料膨胀过程中，骨架颗粒强度会约束颗粒运动，这样混合料就会随着填充料的膨胀增大而更加密实。相对于某一骨架颗粒摩擦系数，温度越高混合料密度越小，主要原因是升温颗粒活动加剧，更利于混合料的密实；而在填充料极小膨胀量时密度随摩擦系数的增大略有增大现象，但这部分膨胀极小，不至影响整个宏观膨胀。以上说明混合料在 5% 填充料含量情况下膨胀主要充填骨架孔隙。

虽然从数值计算来看骨架摩擦力不是影响微冻胀填料冻胀量的主要因素，且有从微冻胀填料冻胀模型得出，混合料骨架约束力在微冻胀填料冻胀能量守恒过程中，由于混合料塑性破坏时填充料颗粒进入塑性,而骨架颗粒骨架本身应力较小,即便进入塑性也未耗能。但混合料冻胀模型中,填充料充填骨架孔隙的充填率对微冻胀填料冻胀起着重要的作用。

3.5 本章小结

本章采用颗粒流离散软件对微冻胀填料冻胀模型宏观参数进行了微观标定。主要通过对土体进行平面应变数值试验,采用适当的接触本构模型,运用数值伺服机理调节控制应力加载和围压应力,分析土体颗粒间的摩擦系数、接触强度等细观参数的变化对宏观参数的影响,建立宏细观参数的联系,最终确定目标微冻胀填料的细观参数。通过采用 PFC3D 软件中温度模块对微冻胀填料冻胀模型进行外部约束规律分析可知,在不同温度效应、不同外部约束作用下微冻胀填料的外部荷载制约微冻胀填料膨胀:一般情况下,微冻胀填料的膨胀随着外部约束增加而减小,外部约束的增大会压密微冻胀填料,致使混合料宏观上膨胀减小;混合料膨胀较小时,试样顶面位移均趋向于某一小值,随着混合料膨胀的增加,试样顶面位移呈台阶式上升,并且外部约束小时,试样顶面位移与时间关系曲线斜率较大,而随着外部约束作用增大,试样顶面位移与时间关系曲线斜率则较小。总体趋势为随着外部约束的增加,微冻胀填料膨胀减少。荷载小时,随荷载的增加膨胀呈现非线性减少,外部荷载趋于无穷,膨胀收敛于某一值。在同一外部约束作用下,温度越高,混合料膨胀量越大。

此外,微冻胀填料骨架颗粒不同摩擦系数是不同细粒含量情况下的填充料冻胀与混合料冻胀关系。填充料含量少时,微冻胀填料冻胀随着填充料冻胀的增大而增大,并呈线性膨胀增长趋势,斜率相差较大有随骨架颗粒摩擦系数的减小而增大关系,填充料冻胀主要起充填作用;填充料含量较大时,微冻胀填料膨胀随着填充料冻胀的增大而增大,填充料冻胀与微冻胀填料冻胀呈线性膨胀增长趋势且斜率几乎相等,摩擦系数对混合料膨胀影响较小。在微冻胀填料平衡过程中,混合料密度随着摩擦系数的增大而减小,而在填充料膨胀过程中,混合料密度随混合料骨架颗粒摩擦系数的增大而增大。相对于某一骨架颗粒摩擦系数,混合料密度随温度的升高而增大,因此骨架摩擦力不是影响微冻胀填料冻胀量的主要因素。填充料充填混合料骨架孔隙越小,填充料颗粒充填混合料骨架孔隙越少,混合料宏观冻胀量越大;反之,若填充料充填混合料骨架孔隙越大,填充料颗粒充填混合料骨架孔隙越大,混合料宏观冻胀量越小。

第 4 章

微冻胀填料冻胀成因及孔隙特征分析

4.1 微冻胀填料铁路路基冻胀成因分析

土冻胀的三要素有水、细粒含量与温度,而对于我国大多数季冻区微冻胀填料路基,填充料含量均超过规范对冻胀的要求,温度也能满足冻胀条件,此时水的影响显得十分重要。以东北地区为例,高速铁路基床顶面采用无砟轨道板,道床两侧采用混凝土或沥青封闭层以及基床表层设置的级配碎石,透水性较差,大气降水由顶部渗入基床,而且设置于路肩上的电缆槽和接触网支柱等设备挡住降入基床表层的水横向排出;加之地下水位均较浅,易形成毛细水,路基冻害主要是由降水和毛细水引起的冻胀变形。因此,有必要对高速铁路路基冻胀成因进行分析,分析过程如图4-1所示。

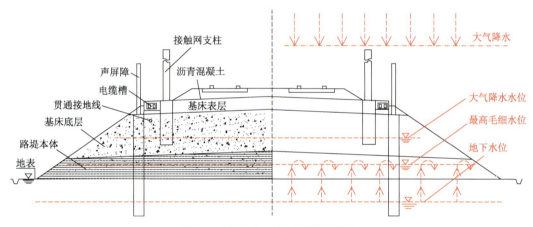

图 4-1 高速铁路路基冻胀成因分析图

土中的水分蒸发是自然界的一个重要现象,蒸发大多发生在土的表层。土是一种多孔、多相的介质,土颗粒构成了多孔的土骨架结构,其孔隙由水和气体填充,若孔隙全部由水填充则称为饱和土。自然界的土大部分处于非饱和状态,土中的水分受温度、毛细吸力等作用,会向上迁移。由于非饱和土壤具有一定的储水能力,覆盖层下部一定深度的土体内会聚集越来越多的水分,含水率逐渐提高,甚至达到饱和状态,这种现象称为土体的"锅盖效应"(pot-cover effect of soil)。同样大气降水渗入高速铁路路基表层,而路肩设置的接触网支柱及电缆槽等阻挡了基床表层水的横向排出,如此部分含水土体低温膨胀,形成"锅盖效应"。

路基初始水量处于压实所需的最优含水率。重力势对非饱和土影响相对较小,在一定深度内,仅在重力势作用下含水率沿深度分布基本均匀。在路肩部分被设备封闭,所以路基表层中水不易排出。而地表水渗入基床,基床土渗透性大,密度大,路基水低温冻结进而形成"锅盖效应"。路基内的水和地下水环境要达到平衡,会产生毛细水上升现象。白天,因基床表层温度高蒸发水分降低了土的相对湿度,使路基地下水抽吸上升;夜间,温度降低,路基表层内的水冷凝成液态会呈上升势,而且地表温度由-20~35℃周期变化,地下温度变化相对较小。在约15℃的温差作用下,路基中的水分由高温区向低温区迁移;在周期的温差作用下,路基中含水率分布也会周期变化。并且路基土干燥时会产生裂缝,裂缝对于水蒸发过程作用不大,但水流入路基裂缝,亦会形成表水上升势,导致路基会随着时间的推移而劣化,含水率均上升。即使路基按照规范处在最优含水率条件下,压实的路基含水率亦会升高,冬天低温时,路基土从上往下冻结,若基床表层温度降低至0℃,而土中孔隙大小不等,大孔隙中的自由水0℃结冰,而小孔隙中的水因为土颗粒有吸附作用,需要更多的能量才能将水冻结,即小孔隙里的水结冰点更低,在0℃时为液态水,在更低的温度条件下才结冰。土中大孔隙中的水先冻结成冰晶,土更干燥,而小孔隙里的液态水可以移动并从周围吸水,亦是从路基下部往路基上部产生梯度。若水分冻结,土体孔隙减小,毛细作用增强,引起水分更加剧烈的迁移,而冻结造成的液态水含量降低同样会驱使下层水向上迁移。从而从路基下部不断往路基上部吸水,而路基中土从路基表层面向下冻结,如果温度梯度和水流的梯度相吻合,路基土就会产生结冰现象。但对于路堤,通常情况都有一定填筑高度,而毛细水上升高度有限,且有两布一膜隔层,所以路基表层冻结主要还是地表水下渗所致。

高速铁路路基微冻胀填料冻胀的水分主要是地表水渗入基床表层,并且未能及时横向排出,在低温时产生冻胀,影响严寒地区高速铁路的安全运营,所以有必要分析其冻胀机理。

4.2 微冻胀填料孔隙特征分析

4.2.1 填充料冻胀分布特性

由微冻胀填料的定义可知,填料由粗骨料、填充料、孔隙水及骨架剩余孔隙组成。其中填充料包括细颗粒和细骨料两部分颗粒,粗骨料为填料的骨架结构,而填充料颗粒分布于骨架颗粒之间或充填于微冻胀填料的骨架孔隙之中,对于后者,骨架孔隙未被填充料充填部分的孔隙即为骨架剩余孔隙。填料冻胀即孔隙内水冻胀将推动骨架膨胀,而骨架的抬升造成了孔隙自身膨胀,因此孔隙膨胀后会增大一部分空间供水分膨胀,也就是说,填充料颗粒分布于骨架颗粒之间。冻胀时,若外部约束弱,填充料的冻胀将试样骨架顶开,试样即表现为冻胀。也即骨架孔隙会增大,而且试样体积亦增大。因此填充料冻胀要么将填料骨架颗粒顶开,要么充填骨架孔隙。顶开以后骨架孔隙自然增大,顶开骨架孔隙时更有利于充填骨架孔隙。

4.2.2 微冻胀填料骨架孔隙分析

路基结构进水后,土体毛细孔内水在负温作用条件下冻结成冰,产生体积膨胀,其冻胀压力增大了土体内应力,导致局部破坏,其破坏作用随着冻融循环的反复将逐步加剧,被称为冻融破坏。结构体中有孔隙且孔隙含水,水变冰体积膨胀9%,结冰压力高达100MPa,超过结构抗拉强度时结构开裂,裂缝的扩展进一步增加了材料的饱水程度,进而加剧了结构冻融破坏;路基结构密实度越高则其抗冻性越好,开口孔隙越多则其抗冻性越差。

根据铁科院针对高速铁路路基填料开展的室内试验研究可知,填充料颗粒状态并非规则地充填于混合料骨架孔隙里,而是杂乱无章地分布于骨架颗粒之间或者骨架孔隙里。就细观方面,微冻胀填料中填充料在混合料中的存在状态如图4-2所示。

对于填充料填充骨架孔隙的情况,微冻胀填料的骨架孔隙包括两部分:一部分为填充料体积,另外一部分为剩余孔隙。在微冻胀填料没有发生冻胀之前,填充料在混合料中含量越多,剩余孔隙越小,如图4-3、图4-4所示。而在混合料冻胀之后,随着填充料膨胀量增加,剩余孔隙减少,在填充料膨胀未充填满孔隙之前,混合料骨架孔隙始终保持不变,对于填充料膨胀和剩余孔隙之间存在此消彼长现象。当填充料填充满混合料骨架孔隙后,填充料膨胀,混合料随即表现为宏观膨胀。填充料膨胀示意如图4-5所示。填充料颗粒分布于混合料骨架颗粒之间,如图4-6所示。

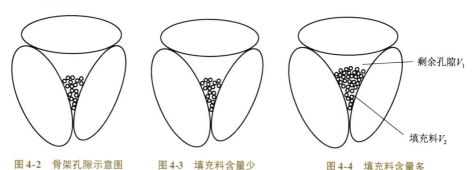

图4-2 骨架孔隙示意图　　图4-3 填充料含量少　　图4-4 填充料含量多

对于填充料颗粒分布于骨架颗粒之间的情况,在填充料并未膨胀时,微冻胀填料孔隙即为混合料骨架孔隙。但当在骨架颗粒之间的填充料发生膨胀时,微冻胀填料孔隙因为骨架抬升,此时骨架孔隙较初始状态骨架孔隙有所增加。这里将增加部分的孔隙称为附加孔隙,这种填充料在自由膨胀的情况下,将会给微冻胀填料带来麻烦,即使填充料含量较少。如果填充料处于混合料骨架孔隙之间,那么填充料即使产生少量膨胀,亦会使微冻胀填料产生宏观膨胀,给工程造成灾害性损失。若在混合料试样顶部加一定上覆荷载,可以起到将位于骨架颗粒之间的填充料颗粒压入骨架孔隙中的作用。填充料随即在骨架孔隙中膨胀,这样就会减少甚至消除微冻胀填料的宏观膨胀。填充料颗粒位于微冻胀填料骨架颗粒之间膨胀示意如图4-7所示。

刘杰在《土的渗透稳定与渗流稳定控制》一书中对大量的试验资料进行了总结,得出以下结论:当粗粒土不均匀系数C_u小于10时,颗粒级配曲线呈连续型,分布曲线呈对数正态分布,渗透破坏只有流土形式。可见,均匀土的区分准则变化于某一范围,就不均匀系数而言,在4~10之间。

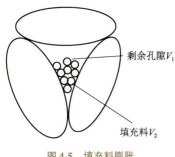 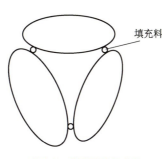 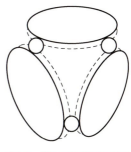

图 4-5 填充料膨胀　　图 4-6 骨架孔隙示意图　　图 4-7 骨架附加孔隙示意图

无黏性土的密度也是决定力学性质的因素之一,如强度、渗透性等一般用相对密度。但还可用孔隙率,因为孔隙率中除去了颗粒密度的影响因数。

$$n = 1 - \frac{\rho_d}{G_s \rho_w} \quad (4\text{-}1)$$

式中:ρ_d——土的干密度;

G_s——土的相对密度;

ρ_w——水的密度。

大量试验资料表明,无黏性土的孔隙率不仅与本身的相对密度有关,而且与颗粒组成密度有密切关系。在相同的相对密度条件下,均匀土的孔隙率比不均匀土大很多,不均匀系数越大,这一差别越明显。

均匀的球体呈最紧密状态时,$C_u = 1$、$n = 0.259$;呈最疏松状态时 $C_u = 0.476$、$n = 0.30 \sim 0.46$,最小孔隙率稍大于均匀球体最紧密排列时的数值。两条平行线的上限表示土体处于疏松状态,下限表示接近最紧密状态。可写出孔隙率、不均匀系数的关系式:

$$n = \frac{n_0}{\sqrt[8]{C_u}} \quad (4\text{-}2)$$

式中:n_0——单一粒径均匀土的孔隙率,紧密状态时为 0.30,疏松状态时为 0.46,见表 4-1。

不均匀系数与孔隙率 n　　表 4-1

状态	孔隙率 n_0	不均匀系数 C_u		
		$C_u = 4$	$C_u = 5$	$C_u = 10$
紧密	0.46	0.387	0.376	0.345
疏松	0.3	0.252	0.245	0.225

从表 4-1 可见,不均匀系数从 5 变到 10,在紧密状态下($n_0 = 0.3$)孔隙率从 0.245 变到 0.225,减少 0.02 对路基压实性能有影响,《铁路路基设计规范》(TB 10001—2016)要求基床表层 $n \leq 0.28$,均满足规范要求。由此,可以通过减小不均匀系数达到增大孔隙率的目的。

4.2.3　微冻胀填料冻胀附加孔隙分析

微冻胀填料的冻胀附加孔隙,是指在低温环境下,填料孔隙内的水分冻结后体积膨胀,对周围颗粒产生挤压作用,进而使颗粒间原本的孔隙结构发生改变而形成的新增孔隙。微冻胀填充料膨胀前后示意图如图4-8、图4-9所示。

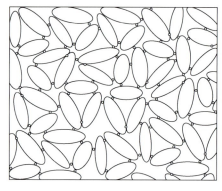

图 4-8　膨胀前示意图

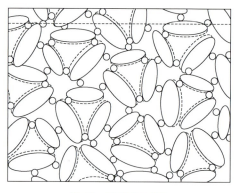

图 4-9　膨胀后示意图

填充料膨胀前微冻胀填料体积 $V_{总}$ 由骨架固体体积 $V_{骨架}$ 和骨架孔隙 $V_{骨架孔隙}$ 两部分组成,即 $V_{总} = V_{骨架} + V_{骨架孔隙}$,此时填充料颗粒体积包含于骨架孔隙 $V_{骨架孔隙}$ 中,即 $V_{骨架孔隙} = V_{填充料} + V_{剩余孔隙}$。当填充料膨胀后,微冻胀填料试样若产生宏观膨胀量,根据以上体积数学关系,那么宏观膨胀量一定为试样混合料骨架孔隙的变化 $\Delta V_{骨架孔隙}$,即这部分体积增量亦为骨架附加孔隙量。当微冻胀填料中填充料周围约束力弱时,填充料膨胀未完成骨架孔隙填充即产生宏观的冻胀现象。填充料颗粒在混合料骨架颗粒之间自由膨胀时,微冻胀填料骨架附加孔隙将随着填充料膨胀的增加而增加,原因在于宏观的膨胀量随着填充料的膨胀量的增加而增大。而一般微冻胀填料冻胀时,在冻峰附近,已冻土的约束较强,且骨架颗粒间内摩擦角远大于填充料颗粒,所以填充料颗粒表现为优先充填骨架孔隙。若试样顶部施加上覆荷载致使位于混合料骨架之间填充料颗粒被挤入附近孔隙,此时,微冻胀填料中填充料周围约束力强,填充料冻胀,首先填充骨架孔隙。由于骨架孔隙由填充料体积与骨架剩余孔隙两部分组成,填充料颗粒被挤入骨架孔隙,这样骨架剩余孔隙将减少,而此时在骨架孔隙里膨胀,试样宏观膨胀量必定减少。因为骨架孔隙变化减少了,也就是混合料骨架附加孔隙减小了,所以一般为减少宏观膨胀,尽量通过上覆荷载加以抑制骨架孔隙增长得以实现。

4.3　填充料冻胀发育机制

4.3.1　填充料冻胀受力分析

(1)填充料冻胀完全约束时受力分析

假设将微冻胀填料碾压密实,在试样顶部施加足够大的竖向荷载,混合料骨架颗粒强度足够高,微观上骨架颗粒由力链连接,且接触力很大。冻胀前的状态如图 4-10a)所示,粗粒料形成骨架,填充料填充粗粒料的孔隙;填充料颗粒发生冻胀,当颗粒膨胀至一定程度,占满骨架间孔隙,与骨架粗颗粒充分接触,但因外约束足够强,填充料颗粒不能挣脱力链,而运动至其他骨架孔隙间,当填充料颗粒在骨架颗粒之间时,在膨胀过程中,由于外部荷载约束较大,颗粒被挤入附近骨架孔隙中;如图 4-10b)所示,当填充料颗粒膨胀至填满骨架间所有孔隙,随后的填充料颗粒膨胀被骨架约束;如图 4-10c)所示,颗粒之间的接触力(膨胀压力)越来越大。整个试样表现为无冻胀。

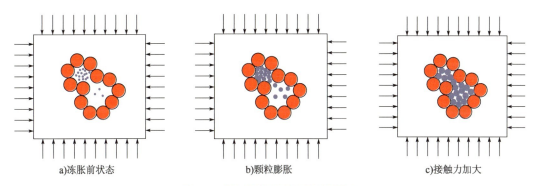

图 4-10 填充料被完全约束时冻胀机制

(2)填充料冻胀完全无约束时受力分析

在试样顶部无竖向荷载,混合料骨架颗粒强度足够高,微观上骨架颗粒由力链连接,且接触力很小。冻胀前的状态如图 4-11a)所示,骨架颗粒料形成骨架,填充料填充粗粒料的孔隙;填充料颗粒发生冻胀,当颗粒膨胀至一定程度,与骨架粗颗粒接触,由于无外荷载作用,骨架粗颗粒间接触力较弱,经膨胀的填充料颗粒作用之后,骨架的力链被打断;若充填颗粒位于骨架颗粒之间,此时膨胀,由于没有外部荷载约束作用,填充料颗粒膨胀会顶起骨架颗粒,如图 4-11b)所示。整个试样表现为宏观膨胀。

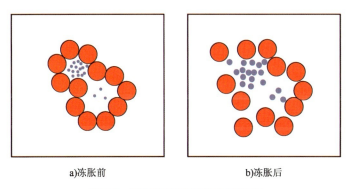

图 4-11 填充料完全无约束时冻胀机制

(3)填充料颗粒膨胀力与约束平衡时受力分析

当填充料颗粒膨胀力与约束之间处于上述两种极端状态的中间状态时,表现为试样外部有外荷载作用,但荷载的大小是一个有限值。若微冻胀填料级配良好,碾压密实,在试样顶部施加竖向荷载(例如50kPa),微观上骨架颗粒由力链连接,且接触力为有限值。冻胀前的状态如图4-12a)所示,粗粒料形成骨架,填充料填充粗粒料的孔隙。填充料颗粒发生冻胀,当颗粒膨胀至一定程度,占满骨架间孔隙,与骨架粗颗粒充分接触,但开始因膨胀压力小于骨架的约束力,填充料颗粒不能挣脱力链,而运动至其他骨架孔隙间,当填充料颗粒在骨架颗粒之间时,在膨胀过程中,由于约束力大于骨架颗粒之间力链作用,颗粒被挤入附近骨架孔隙中,如图4-12b)所示。当填充料颗粒的膨胀压力与骨架的约束力相同时,达到一种过渡平衡状态,若膨胀力再增加则骨架的约束被填充料冲破,颗粒骨架进行重新排布,而与此同时,填充料颗粒往其他孔隙的运动仍在继续;当充填颗粒位于骨架颗粒之间时,此时膨胀,由于约束小于骨架颗粒之间力链作用,填充料颗粒膨胀会顶起骨架颗粒,如图4-12c)所示。

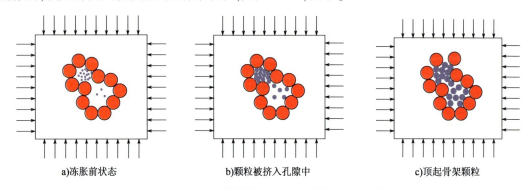

图4-12 填充料颗粒膨胀力与约束力平衡时冻胀机制

(4)填充料冻胀受力分析

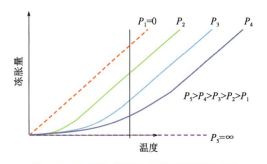

图4-13 混合料膨胀量与外部约束及温度关系

在不同膨胀力与约束力以及温度条件下,填充料颗粒在冻胀过程中如何运动是填充料冻胀机制分析的重点。如图4-13所示,填充料颗粒完全无约束情况下,填充料开始冻胀,部分填充料颗粒即与骨架接触冲破约束,使混合料表现为宏观上的膨胀;外部有一定约束情况下,填充料颗粒先发生冻胀,随后部分填充料颗粒与骨架接触,且接触力超过约束力之后,混合料表现出冻胀的现象,接着填充料膨胀压力超过骨架约束力的区域越来越大,冻胀速度也随之升高。当填充料冻胀到一定程度后,骨架被完全冲散,冻胀速度趋于一个定值;当外部约束足够大时,填充料的膨胀无法冲破骨架的约束,混合料整体表现为无冻胀。微冻胀填料冻胀过程为,填充料首先发生冻胀,部分填充料颗粒与骨架接触。当骨架颗粒约束力大于填充料冻胀塑性发展时,以充填为主;当充填料冻胀量大或者骨架颗粒约束力小时,抬升骨架。实际上重载线路的路基冻胀量要普遍小于普通线路的路基冻胀量。由图4-13可知,当填充料冻胀和混合料冻胀量相同时,外部约束荷载越大温度越低;当填充料冻胀量相同时,外部约束荷载越大,混合料冻胀量越小。

4.3.2 水分微迁移的影响机制

前人在研究冻土冻胀方面得出了大量的科学结论,从而推动了冻土研究的发展。水分迁移是冻土冻胀的发生和发展重要因素,因为土的比表面积、孔隙度和超孔隙度、黏土粒级的矿物成分与交换性阳离子的性质是相互联系的。这些因素共同决定膜的厚度及其活动性和土的毛细特性,即决定与水相互作用的活化表面和水分迁移的通道,直接决定着微冻胀填料冻胀量。

高速铁路路基水分来源主要有两种形式:一是大气降水渗入基床表层,并因为路肩封闭水分难以完全排出;二是地下水因毛细作用而上升至路基体内。微冻胀填料中包括孔隙水、土颗粒、大孔隙、小孔隙。冻胀过程是水分转移的过程,水分转移包括宏观和微观两方面。宏观上为从地下水源向上抽吸水,水从路基下部转移至路基上部,这是典型的土体冻胀,多年冻土地区冻胀和土体冻结时间较长冻胀均为此类冻胀形式,这部分水引起的冻胀量相当大。这种现象像水泵一样从一处往另一处抽水。对于微冻胀填料来说,由于细颗粒含量低,该填料内没有连续的薄膜水及水分迁移通道,水分转移的连通性有时难以达到,如图 4-14 所示。细颗粒土体中液相水形成结晶中心,孔隙水迅速奔向冰芽而逐渐结冰,形成冰晶体。细颗粒和冰结晶吸附近水分子,构成一层水膜,形成新的冰晶。冻结锋面上冰晶体不断增长,引起填料颗粒间距扩展与骨架位移,吸附水等侵入,产生"冰劈",形成厚度不等的冰透镜体。由于热平衡,冰晶分凝作用,周而复始形成新的冰透镜体,将路基土体内的不同部位的冰透镜体累加,形成宏观冻胀,如图 4-15 所示。

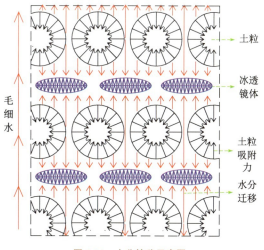

图 4-14 水分转移示意图

在微观、细观方面,水分迁移的水主要指结合水或者吸附水,这些水在冻胀势的作用下,从孔隙里往孔隙外迁移,并且按先迁移至小孔隙,而后进一步迁移至大孔隙的规律运移。当水转移走后留下的微细孔隙依然存在,水转移后又占了其他的体积位置,因此导致外部被挤压。例如行驶的车里容纳满乘客,若某时出现堵车现象,那么驾驶员开门后,车内一部分乘客下车休息,这样路上的人就增多,路上的空间被占,此路将出现拥挤。同样,微冻胀填料冻胀过程中细观水分转移情况也是如此。这是细颗粒水分转移的另外一种形式,而且微冻胀填料冻胀恰恰由此造成。由前文研究可知,由于填料中粗颗粒为完整岩石,若其表面存在水分将低温冻胀成冰,粗颗粒冻胀过程中体积增长少,加之其本身含水较少,粗颗粒冻胀的部分为水的相变体积增量,粗颗粒冻胀示意如图4-16所示。图4-16中,$V_{粗颗粒}$为粗颗粒体积;$V_{水}$表示粗颗粒表面水体积;ΔV为粗颗粒表面水相变后体积增量,$\Delta V = V_{水} \times 0.09$。细颗粒低温冻胀情况有别于粗颗粒,细颗粒里包括细颗粒土和孔隙水,其冻胀时一部分水分转移至其他处。细颗粒冻胀示意如图4-17所示。

图4-15 宏观冻胀示意图

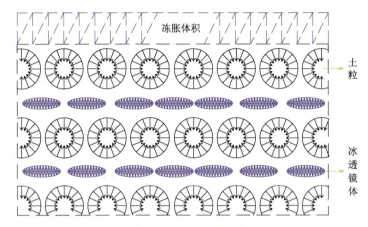

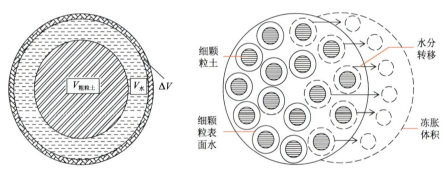

图4-16 粗颗粒冻胀示意图　　图4-17 细颗粒冻胀示意图

图4-17中,用$V_{水}$表示水分转移量,此时细颗粒冻胀量$\Delta V = V_{水} \times 1.09$。从室内试验微冻胀填料试样分析,尽管试样土含水率仅为5%~8%,但试样冻胀后其冻胀量并非(5%~8%)×0.09,而试样土中水分亦非都转移冻胀,可能仅转移了部分水,粗颗粒不同于细颗粒含有的水分转移,而是直接冻结成冰,由此粗颗粒之间水和冰的分布位置相同,既其水分没有转移。但细颗粒吸附的水分却不一样,比如一摊泥,若冻胀时间长会出现冰透镜体,这里冰来自从其他位置,在冻胀势下迁移至此。填料中水分的迁移有微观和宏观两种情况,而宏观的水分迁移将占据体积,因此填料冻胀大至可将试样顶起。

4.3.3 填充料冻胀发育机制

微冻胀填料主要由粗颗粒组成,也含有少量细颗粒。由于微冻胀填料在性质具有粗粒土的特征,季节冻土区高速铁路微冻胀填料主要以级配碎石为主。虽然其骨架颗粒摩擦角较大,而黏聚力却相当低。细颗粒由于其黏聚力高,细颗粒与细颗粒之间并非均独立存在于填料,而是成絮状并杂乱无章地分布于骨架孔隙或者骨架颗粒之间。因此,填料细观上结构内部具有离散性和水分传递的非连续性。冻结时土样的不同部位基本处于相对"封闭"的状态,宏观上无明显的水分迁移。封闭系统中土体冻结过程中只有土体内部水分重分布现象。由于没有外界水源的补给,冻结后仅在最大冻深的 1/3~1/2 以上部分水分较冻结前有显著增加,下部土层含水率降低。微冻胀填料冻胀的发生呈"瞬时性",与冻结历时关系不大。微冻胀填料的自然持水率一般较低,且绝大部分赋存于细颗粒中。粗颗粒表面吸附的水分,本来就少,且只有水变冰时相变的体积膨胀,对冻胀的影响不大;对于细颗粒冻胀,根据美国学者泰伯提出水分迁移是在结晶力作用下移动的,而在土中有被水填充的不同大小孔隙存在时,则大孔隙中先形成冰晶体,而小孔隙中小冰晶体还没冻结(冰晶体直径越小,冻结温度越低),在结晶力作用下,从没有结冰的小孔隙吸取水分,使大孔隙冰晶体不断地增大,产生冻胀。细颗粒部分在冻结时,水分由结合状态向自由状态以及从小孔隙向大孔隙中转移集聚。之前占有的体积依然存在,并且水分转移后相变产生体积增量。细颗粒是微冻胀填料冻胀的主要根源。填充料冻胀发育机制如图 4-18 所示。

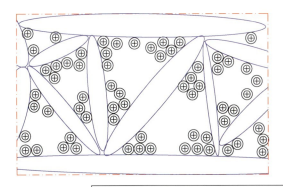 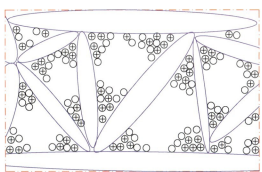

粗颗粒　⊕ 吸附水分的细颗粒　⊕ 脱离水分的细颗粒　○ 自由状态的水分

图 4-18　冻胀前后细颗粒表面水分转移积聚示意图

4.4　微冻胀填料冻胀作用机制

4.4.1　体积填充原理

填充率是指散粒材料在某堆积体积中,其被颗粒填充的程度。孔隙率是指散粒材料在某堆积体积中,颗粒之间的孔隙体积所占的比例。填充率 + 孔隙率 = 1。

填充率:

$$D' = \frac{V}{V_0} \times 100\% = \frac{\rho'_0}{\rho_0} \times 100\% \tag{4-3}$$

孔隙率：

$$P' = \frac{V'_0 - V}{V'_0} \times 100\% = (1 - \frac{V}{V'_0}) \times 100\% = (1 - \frac{\rho'_0}{\rho_0}) \times 100\% = 1 - D' \tag{4-4}$$

(1) 唯一原理：在一个容器中在一定条件下，虽然颗粒大小比例不同，排列组合的形式也可以不同，总存在一个最大或最小的填充率，而且是唯一的。

(2) 有序原理：有序是获得最大填充率的必要条件。

(3) 能量原理：质地相同的颗粒，外部压力越大，填充率就越大，密度和内部储存的能量也越大。

(4) 振动原理：振动对填充率的影响是大的变小，小的变大。

(5) 粒度原理：粒径越小，配位数越大，填充率越大，孔隙率越小，气流通过的阻力也就越大。颗粒的形状、粗糙度和圆形度都会影响填充率，一般情况下，颗粒越小，影响越大。不连续的粒度体系更容易形成最密填充，即最大填充率。

(6) 配位数原理：当颗粒充满容器时，颗粒与壁接触的面积越大，配位数越小。

(7) 壁效应极值原理：当容器的壁结构形状与内部接触颗粒形状相互切合时，填充率可能出现最大值。当二者互相不切合时，填充率可能出现最小值。

4.4.2 填充料冻胀与骨架颗粒的相互作用

微冻胀填料，其主要构成是粗颗粒，同时，也有一些细颗粒掺杂其中。这些粗颗粒被分为粗骨料和细骨料两组。骨料由完整的岩石构成，其表面不含水或者只含有少量水分。在冻胀与冻融过程中，骨料的微裂隙吸水并发生相变，这可能会对骨料颗粒表面水产生相变，从而对其造成损伤。然而，由于粗颗粒成分并不具有低温冻胀性，所以粗骨料颗粒表面的吸附水在低温下冻胀时，其体积膨胀率仅为 0.09。而细颗粒颗粒表面的水分则会发生转移，导致内部结合水向外部转移。因此，微冻胀填料中粗颗粒和细颗粒的冻胀特性存在显著差异。因此，研究微冻胀填料在冻胀过程中的填充料与骨架颗粒的相互作用机制显得尤为重要。在填料的冻胀过程中，细颗粒的冻胀量非常大。当细颗粒含水率较低时，其也会发生冻胀。研究表明，细颗粒在冻胀时会伴随有水分的转移，因此其会在低温下发生冻胀，且冻胀量较大。相较之下，粗粒土的冻胀试验难度较大，因此，可以通过更容易进行的细颗粒冻胀试验来研究粗粒土的冻胀性质。同时，在微冻胀填料的冻胀过程中，粗颗粒骨架与细颗粒的冻胀之间存在相互作用，但实际上，在进行试验时，我们并不能将细颗粒与粗骨架颗粒严格分开进行。因此，我们将其从作用上分为粗骨料和填充料，并对填充料进行冻胀试验。由前文分析可知，微冻胀填料中的填充料颗粒分布于骨架颗粒之间，并充填于骨架孔隙中。当填充料在外部约束条件较弱时，其冻胀将会抬升骨架颗粒，从而引起相邻骨架颗粒的微位移，这样会使骨架孔隙增大，更有益于填充料充填微冻胀填料的骨架颗粒。然而，当外部约束较强时，骨架颗粒会对填充料的膨胀产生挤胀效应,抑制微冻胀填料的冻胀。值得注意的是,填充料在冻结时体积膨胀,一方面会产生填充作用,如图4-5所示填充剩余的孔隙。当剩余孔隙率较大时,其对冻胀的内部消纳作用就会增强。另一方面,它也会产生抬升作用,如图4-6、图4-7所示的抬升骨架颗粒,从而导致宏观上的冻胀。填充作用消解抬升作用的能量,而抬升作用又导致骨架孔隙增大,骨架颗粒产生微位移。这有利于充填作用的发展。这是一个此消彼长的过程。在外部约束条件下,微冻胀填料的骨架强度主要取决于上覆荷载大和骨架自身摩擦系数两个因素。若外部约束较强,骨架摩擦系数较大时,骨架结构稳定,填充料的冻胀主要倾向为充填作用,填料的宏观冻胀并不明显。然而,若外部约束较弱时,填充料膨胀抬升骨架颗粒造成填料的宏观膨胀。实际上,微冻胀填料的冻胀过程是一个充填作用与抬升作用的动态平衡过程。微冻胀填料中填充料与粗粒骨架的相互作用如图4-19所示。其相互作用机制十分复杂,但大体可以概括为充填作用与抬升作用的此消彼长过程。

图4-19 填充料冻胀与粗粒骨架相互作用示意图

4.4.3 微冻胀填料填充密实程度分析

要确定混合料土体结构类型,应先确定混合料中骨架颗粒和填充颗粒的分界粒径值,再根据体积填充率确定填充料在颗粒间隙中的填充密实程度,进而确定土体结构类型。

图4-20为骨架密实式骨架孔隙结构密实程度分析示意图,图4-21为悬浮密实结构密实程度分析示意图。

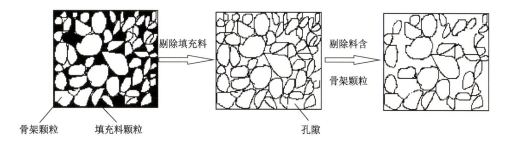

图4-20 骨架密实或骨架孔隙结构密实程度分析示意图

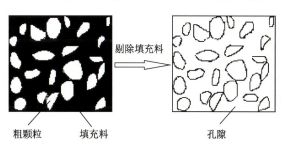

图4-21 悬浮密实结构密实程度分析示意图

定义:$\rho_{\text{fmax}x}$为某压实度下试样粒径大于x的颗粒在填料中干分布密度,$\rho_{\text{dmax}x}$为粒径大于x的颗粒在相同压实标准下的最大干密度;D_c为骨架颗粒与充填颗粒的分界粒径(mm)。

$$\rho_{\text{fmax}x} = \rho_{\text{dmax}x} \times p_x \tag{4-5}$$

$$\rho_{\text{fmax}x} = \rho_{\text{fmax}} \times p_x \tag{4-6}$$

式中:$\rho_{\text{dmax}x}$——某压实度下试样最大干密度(g/cm^3);

p_x——试样中粒径大于x的颗粒百分含量(%);

ρ_{fmax}——试样最大干分布密度。

当混合料粒径x小于或等于分界粒径D_c时,粒径大于x的颗粒在混合料中的分布状态与相同压实标准下剩余颗粒的堆积状态完全相同,即$\rho_{\text{fmax}x} = \rho_{\text{dmax}x}$。当混合料粒径$x$大于或等于分界粒径$D_c$时,粒径大于$x$的颗粒在混合料中处于彼此分离的悬浮分布状态,即$\rho_{\text{fmax}x} < \rho_{\text{dmax}x}$。据此关系,粒径$x$由小到大变化至首次出现$\rho_{\text{fmax}x} < \rho_{\text{dmax}x}$时所对应的颗粒粒径为骨架颗粒与填充颗粒的分界粒径$D_c$。取:

$$\beta_i = \frac{\rho_{\text{dmax}}^i - \rho_{\text{fmax}}^i}{\rho_{\text{dmax}}^i} \tag{4-7}$$

式中:ρ_{dmax}^i——第i次剔除最小粒组后混合料的最大干密度;

ρ_{fmax}^i——第i次剔除最小粒组后混合料的最大干分布密度。

理论上$\rho_{\text{fmax}x} = \rho_{\text{dmax}x}$时,剩余颗粒在混合料骨架中的接触状态与相同压实度下的紧密压实状态相同,实际操作中考虑到试验误差等影响,可取3%的误差范围,与粗粒土最大干密度平行试验允许误差一致,即$\beta_i \leq 3\beta_i \leq 3\%$时混合料结构为骨架结构。$\beta_i > 3\%$表明剔除第$i$组粒组后的颗粒在混合料骨架中处于悬浮状态,为悬浮密实结构。

$\beta_i \leq 3\%$时可继续剔除下一级粒组颗粒,直到$\beta_j > 3\% \beta_{i+1} > 3\%$为止,即第$j+1$次提出的颗粒为骨架粒径的组成部分,骨架颗粒的粒径范围为$(D_i, D_{\max})$,填充料的粒径范围为$(0, D_i)$。

图4-22为混合料级配结构分析曲线,横坐标为粒径x,A曲线纵坐标表示混合料中粒径大于x的颗粒在相同压实标准下的最大干密度$\rho_{\text{dmax}x}$,B曲线纵坐标表示混合料中粒径大于x的颗粒最大干分布密度$\rho_{\text{fmax}x}$。当颗粒小于D_c时,A、B曲线重合;当粒径大于分界粒径D_c时,B曲线低于A曲线,两曲线的交叉点对应的粒径为骨架和填充料的分界

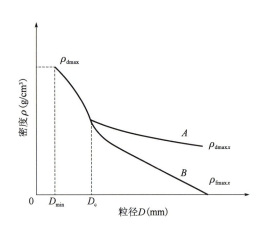

图4-22 混合料级配结构分析曲线

粒径D_c。混合料为悬浮密实结构时,所有颗粒为骨架颗粒,A、B曲线会在$D_{\min}$出现分叉。

得到分界粒径D_c后,即可得到填充料在混合料孔隙中的充填干密度:

$$\rho_t = \frac{\rho_{\text{dmax}} \times (1 - p_{D_c})}{n_g} \tag{4-8}$$

$$n_{g} = \frac{1 - \rho_{dmax} \times p_{D_c}}{\rho_{ag}} \quad (4-9)$$

式中：p_{D_c}——骨架颗粒在混合料的百分比(%)；

ρ_{ag}——骨架颗粒的毛体积密度(g/cm^3)。

取：

$$\alpha_i = \frac{\rho'_{tmax} - \rho'_t}{\rho'_{dmax}} \quad (4-10)$$

对比填充料在相同压实度下的 ρ_{tmaxx} 和 ρ_t，判断填充料在骨架孔隙中的密实程度。理论上两者相等时表明骨架孔隙被填充料密实地填充，实际操作中考虑到试验误差等影响，可取3%的误差范围，即 $\alpha_i \le 3\%$、$\beta_i \le 3\%$ 时混合料为骨架密实结构。$\beta_i > 3\%$、$\alpha_i > 3\%$ 表明填充料颗粒没有密实地充填混合料骨架颗粒间的孔隙，即填充料的孔隙充填干密度小于最大充填干密度，则为骨架孔隙结构。ρ_t 远小于 ρ_{tmaxx} 时说明填充料颗粒游离于混合料骨架孔隙中。

4.4.4 级配理论及结构类型分析

1）级配理论

级配是影响巨粒土和粗粒土工程性质的关键因素之一。目前级配理论主要有最大密度曲线理论和粒子干涉理论。本节对混合料级配理论、高速铁路基床填料级配要求进行分析。

(1) 最大密度曲线理论

①Fuller W. B. 通过大量试验分析提出了最大密度曲线，并且重点分析了连续级配的粒径分布情况。他起初认为细骨料级配为椭圆形曲线，粗骨料级配为与椭圆曲线相切的直线，由两者组成的级配曲线可达到最大密度。随后经改进，提出了简化后的"抛物线最大密度理想曲线"，认为颗粒级配曲线越接近抛物线密度越大，表达式为：

$$P_x = \sqrt{\frac{d}{D}} \times 100\% \quad (4-11)$$

式中：P_x——某粒径 d 骨料的通过百分率；

D——骨料的最大粒径(mm)；

d——骨料粒径(mm)。

理想曲线的不均匀系数和曲率系数分别为：$C_u = 36$，$C_c = 2.25$。

②Talbol A N 把 Fuller W B 公式改编如下：

$$P_x = \left(\frac{d}{D}\right)^n \times 100\% \quad (4-12)$$

当 $n = 0.5$ 时，即为 Fuller 曲线。根据 Talbol 的理论和试验分析，认为 $n = 0.3 \sim 0.5$ 时，具有较好的密实度，因此，该方法也称为 n 幂法。

Talbol 曲线的不均匀系数和曲率系数见表4-2。

当 $n=0.3$,$C_u=392$,$C_c=3.86$,级配不良;

当 $n=0.4$,$C_u=88$,$C_c=2.76(1\sim3)$,级配良好。

最大密度曲线的不均匀系数和曲率系数　　　　　　　　　　表 4-2

n	0.3	0.4	0.5
C_u	392	88	36
C_c	3.86	2.76	2.25

从上述分析可看出,按最大密度曲线理论级配求的 $C_u=36\sim392$,远大于 5,C_u 应增大;$C_c=2.25\sim3.86$,介于 $1\sim3$ 之间。

最大粒径为 40mm,$n=0.3$、0.4、0.5,所确定的颗粒级配曲线如图 4-23 所示。

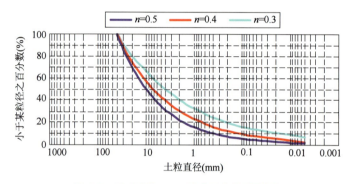

图 4-23　最大粒径 40mm 的最大密度级配曲线

通过混合料最大密度级配理论,知道各种粒径的颗粒搭配比例不同,其密实度存在差异,当各种颗粒搭配比例合理时,混合料具有最大的密实度,此时其筛分曲线为抛物线。最大密度曲线的 n 幂公式指出混合料最大密度的范围,给实际工程应用带来了很大方便。

(2)粒子干涉理论

Weymouth C. A. G. 提出的粒子干涉理论以填充理论为前提,在填充颗粒粒径小于上一级颗粒间隙前提下,逐级填充达到最大密实度;否则,相邻两级颗粒之间势必发生干涉现象。粒子干涉理论受颗粒粒径和颗粒数量分布状况的影响,同样以追求最大密度为目的,并采用与最大密度曲线理论相同的假设,理论上会使骨架更密实,且考虑颗粒间干涉影响,使生成的混合料更稳定。粒子干涉理论的逐级填充和考虑干涉对于混合料稳定骨架的形成具有重要参考意义。

国内外学者关于骨料或骨料的堆积与填充特性做了大量的研究工作,并取得了相关成果。骨料在混合料中的排列也是不规则的,许多研究者均借助于球体体积特性来研究混合料骨料的体积特性。

同种粒径的球体按简单立方体堆积方式排列时,其孔隙率为 47.64%;按棱柱体或棱锥体空间堆积方式排列时,其孔隙率最小为 25.95%。等粒径球体有规则排列的配位数与孔隙率的关系见表 4-3。

等粒径球体有规则排列的配位数与孔隙率的关系　　　　　　表 4-3

排列方式	图示	配位数	堆积率	孔隙率(%)
立方体		6	$\dfrac{\pi}{6}$	47.64
六方体(斜方体)		8	$\dfrac{\pi}{6} \times \dfrac{2}{\sqrt{3}}$	39.55
复六方体		10	$\dfrac{\pi}{6} \times \left(\dfrac{2}{\sqrt{3}}\right)^2$	30.19
棱锥体(棱柱体)		12	$\dfrac{\pi}{6} \times \dfrac{2}{\sqrt{2}}$	25.95

若将一定尺寸的小球填充到大球间的孔隙,可将孔隙率下降,下降程度随着填充球的数量、大小和填充方式而不同。平排时,填充 $d=0.732D$(D 为大球直径)的最大次级球,其孔隙率可从 47.6% 降至 27.1%;错排时,填充 $d=0.414D$ 的最大次级球,其孔隙率可从 25.9% 降至 20.7%。若减小填充球的大小,不是一次填充最大的次级球,而是填充多个更小的小球,其孔隙率将会更加减小,典型的球体排列与填充的孔隙率状况见表 4-4。

几种典型的球体排列与填充的孔隙率　　　　　　表 4-4

排列图式	排列说明	堆积率	孔隙率(%)
	8 个球中填充 1 个与各个球相切、$d=0.732D$ 的小球	$\dfrac{\dfrac{\pi D^3}{6}+\dfrac{\pi}{6}\times(0.732D)^3}{D^3}$	27
	错排,球心连线成等边三角形,上一层球心在下一层球的间歇处	$\dfrac{\dfrac{\pi D^3}{6}}{\dfrac{\sqrt{2}}{2}D^3}$	26
	体内填充很小的小球,也平排	$1-0.48^2$	23
	每 8 个球中填 1 个 $d_1=0.414D$ 与 6 个球相切,2 个 $d_2=0.225D$ 与 4 个相切	$\dfrac{\dfrac{\pi D^3}{6}+\dfrac{\pi}{6}\times(0.414D)^3 2\times\dfrac{\pi}{6}\times(0.225D)^3}{\dfrac{\sqrt{2}}{2}D^3}$	19
	空隙按平排方式填充较小的球	$1-0.262\times 0.48$	12.5

续上表

排列图式	排列说明	堆积率	孔隙率(%)
	空隙按错排方式填充较小的球	$1-0.262^2$	6.75

根据 Horsfield 的六方最紧密堆积理论，6 个球围成四角孔，4 个球围成三角孔。基本的直径球称为 1 次球(半径 r_1)，填入四角孔中的最大球称为 2 次球(半径 r_2)，填入三角孔中的最大球称为 3 次球(半径 r_3)，其后，再填 4 次球(半径 r_4)，5 次球(半径 r_5)，最后以极小的等径球填入残余的孔隙中，这样就构成最紧密的堆积。各次球径及堆积率计算结果列于表 4-5 中。

六方紧密堆积的填充粒径与孔隙率　　　　表 4-5

球序	球半径	相对个数	堆积率(%)	孔隙率(%)
1 次球	r_1	1	74.06	25.94
2 次球	$r_2=0.414\,r_1$	1	79.3	20.7
3 次球	$r_3=0.225\,r_1$	2	81.0	19.0
4 次球	$r_4=0.177\,r_1$	8	84.2	15.8
5 次球	$r_5=0.116\,r_1$	8	85.1	14.9
……	极小	极多	96.1	3.9

取最大颗粒粒径为 10mm，最小颗粒粒径 0.1mm，计算颗粒分配曲线，如图 4-24 所示。由此求得 $C_u=11.86$、$C_c=11.86$。

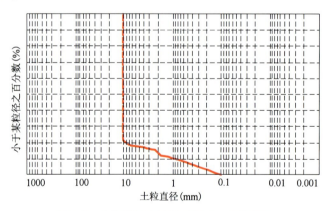

图 4-24　六方紧密堆积最大颗粒 10mm 级配曲线

Kessler H. G. 在分析球体排列结构时指出等粒径球体密排结构有如下形式：

①4 个相邻圆球的中心构成的四角锥体。
②6 个相邻圆球的中心构成的八面体。
③8 个相邻圆球的中心构成的平行六面体。平行六面体紧密堆积的填充粒径与孔隙率见表 4-6。

平行六面体紧密堆积的填充粒径与孔隙率   表4-6

球序	球径	相对个数	堆积率(%)	孔隙率(%)
1级球	r_1	1	74	26
2级球	$r_2 = 0.315\,r_1$	3	81	19
3级球	$r_3 = 0.147\,r_1$	16	85	15
……	极小	极多	96.1	3.9

由以上分析得出如下结论:

①相同粒径或相同粒径比的球形颗粒排列时,孔隙率与其粒径大小无关,仅与排列和填充方式有关。

②排列方式相同时,多级配粒径球体的孔隙率小于单粒径球体的孔隙率。

③间断级配比连续级配能形成更小的骨架孔隙率,具有更加密实的骨架结构,其孔隙率与填充方式和各级骨料的填充比例相关。

④即使是在紧密排列的情况下,颗粒排列方式也是多种密排方式的混合,不是单一的。

⑤$C_u \geq 10, C_c \geq 10$。

2)混合料级配结构特征

土体的结构特性决定了土体的压实机理和压实特性。从压实原理上讲,土体的压实是土体在外力作用下固体颗粒发生位移、错动、挤紧、充填,致使颗粒间孔隙体积减小,土体密度增大,而不是固体颗粒体积的减小。正因为这点,通常用干密度、孔隙比、压实度或相对压实度指标反映压实效果,这些指标的核心仍是干密度。

根据路基填料压实后随粗细骨料含量的变化可分为三种典型的结构类型:悬浮密实结构、骨架密实结构、骨架孔隙结构,如图4-25所示。

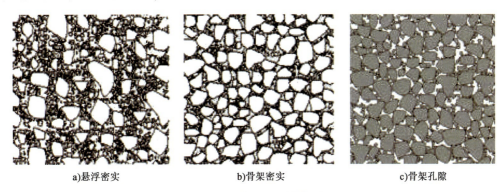

a)悬浮密实　　　b)骨架密实　　　c)骨架孔隙

图4-25 混合料不同结构类型

①悬浮密实结构:指混合料中细骨料为主,粗骨料悬浮于细骨料中,即为悬浮密实结构[图4-25a)],该结构类型中粗骨料含量一般在50%左右,细骨料含量较多,该结构具有较大的黏聚力c,但内摩擦角φ较小。

②骨架密实结构:指混合料中粗骨料所占比例大,一般在75%以上,细骨料恰好能密实地

填满粗骨料之间的孔隙形成连续级配,粗骨料可互相紧密接触嵌锁形成骨架,形成稳定的结构即骨架密实结构[图4-25b)],该结构不仅内摩擦角 φ 较高,黏聚力 c 也较高。

③骨架孔隙结构:结构中粗骨料相互紧密接触,形成稳定的结构,但细骨料含量较少不足以填满骨料之间的孔隙,即骨架孔隙结构[图4-25c)],骨架孔隙结构型混合料与骨架密实型混合料相比具有较高的孔隙率,适用于有较高内部排水要求的情况。该结构内摩擦角 φ 较高,黏聚力 c 较低。

充填与抬升作用与其内部结构特征有关。混合料的级配结构类型与不同粒径颗粒的比例有直接关系,填充料颗粒比例较低不足以填充骨架间的孔隙,即为骨架孔隙结构;当填充料颗粒比例增加以致其含量刚好能密实地填充骨架间的孔隙,即变为骨架密实结构;当填充料颗粒比例继续增加,粗颗粒所占比例减小,填充料颗粒将挤开原形成的骨架,级配结构即变为悬浮密实结构。

三种结构的混合料由于密度、孔隙率不同,使它们在冻胀性上亦有明显差别。因此,级配碎石作为高速铁路基床表层的主要填料,须保证基床结构在列车动荷载作用下的长期稳定性,且不发生明显的持续的累积塑性变形,《高速铁路设计规范》(TB 10621—2014)对其级配和进行了严格的要求,明确限定了级配范围,但颗粒级配在规定的范围内变化时,经压实也会出现不同的土体结构类型,对基床结构长期使用性能产生影响。通常压实后的结构类型应优选骨架密实结构,避免悬浮密实和骨架孔隙结构,因为这两种结构在长期列车动荷载和气候环境作用下可能会产生累积塑性变形,影响线路的平顺性,富水地区土体结构强度还会因孔隙水来不及排出而降低。而寒区高速铁路路基填料级配选择时,为防冻害、利排水,可优选细颗粒较少的骨架孔隙结构。

根据上节混合料填充密实程度分析可知,混合料的级配结构类型与不同粒径颗粒的比例有直接关系,填充料颗粒比例较低不足以填充骨架间的孔隙,即为骨架孔隙结构;当填充料颗粒比例增加以致其含量刚好能密实地填充骨架间的孔隙,即变为骨架密实结构;当填充料颗粒比例继续增加,粗颗粒所占比例减小,填充料颗粒将挤开原形成的骨架,级配结构即变为悬浮密实结构。

由图4-26可知,当高速铁路基床表层混合料由规范规定的上限值向下限值变化时,混合料中的填充料颗粒逐渐减小,粗颗粒逐渐增加。根据混合料级配结构类型随粗细颗粒比例的变化规律,可知当混合料级配在上限与中值以及二者之间时,混合料级配结构类型为悬浮密实结构,该区域即为悬浮密实结构区。当混合料级配在中值向下限变化时,混合料结构类型先从悬浮密实结构变为骨架密实结构,然后到骨架孔隙结构,该区域为三种结构类型,中值附近区域为悬浮密实结构,下限附近区域为骨架孔隙结构,中间区域为骨架密实结构。综合考虑现场实际操作与应用,近似将级配上、中、下限之间分为三个区域,即临近下限区域为骨架孔隙结构区域,中值和下限中间部分为骨架密实结构区域,其余为悬浮密实结构区域。

三种结构类型级配区域的级配参数具有较好的规律性,骨架密实结构区 $C_c = 2.18 \sim$

2.05，C_u = 34.44～38.38，表明属于骨架密实结构的级配区域范围较窄，填料粒径组成合理；级配曲线趋于上限值远离骨架密实结构区时，细颗粒含量越来越多，C_u 略有增加，C_c 由 2.18 减小至 0.55；级配曲线趋于下限值远离骨架密实结构区时，粗颗粒含量的增多，C_c 略有减小，C_u 由 34.44 减小至 16.64。后两种将引起填料级配劣化。

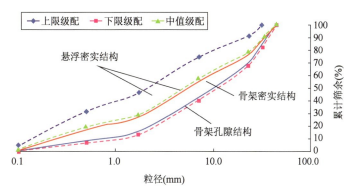

图 4-26 高速铁路基床表层级配结构类型范围划分

4.5 本章小结

本章研究了微冻胀填料铁路路基冻胀成因，分析了微冻胀填料孔隙特征，提出了微冻胀填料冻胀作用机制。含水率、细粒含量与温度是微冻胀填料冻胀的三要素，其中水分主要为降水下渗，级配碎石渗透性低、电缆槽以及路肩阻挡水横向排出，基床富水产生冻胀。微冻胀填料的自然持水率较低，且绝大部分赋存于细颗粒中。粗颗粒表面吸附的少量水分相变产生的体积膨胀，对冻胀的影响不大；而细颗粒部分在冻结时，水分除了相变体积增量，还有从结合水、吸附水向外转移集聚导致的体积占位。细颗粒是微冻胀填料冻胀的主要根源。细颗粒土体中液相水形成结晶中心，孔隙水迅速奔向冰芽而逐渐结冰，形成冰晶体。细颗粒和冰结晶的吸附附近水分子，构成一层水膜，形成新的冰晶。冻结锋面上冰晶体不断增长。进而形成冰透镜体，造成冻胀。填充料颗粒分布于粗骨料颗粒之间并充填于骨架孔隙里，填充料冻胀将骨架颗粒顶开或充填骨架孔隙。顶开骨架孔隙时更有利于充填骨架孔隙。微冻胀填料冻胀水分迁移，即结合水或者吸附水在冻胀势的作用下，从细颗粒内部往孔隙里转移，并且按先迁移至小孔隙，而后进一步迁移至大孔隙的规律运移。

微冻胀填料由粗粒骨架与骨架中的填充料及未充填的剩余孔隙组成。骨架粗颗粒可以认为是刚性体，冻结时体积不膨胀，填充料冻结时体积膨胀，一方面产生填充作用，充填剩余的孔隙。另一方面产生抬升作用，抬升骨架颗粒，导致宏观上的冻胀。剩余孔隙率大时，对冻胀的内部消纳作用强，同时削减抬升作用的能量；抬升作用则导致骨架孔隙增大，有利于充填作用的发展,是一个此消彼长的过程。在外部约束条件下,微冻胀填料骨架强度主要取决于上覆荷载和骨架自身摩擦系数两个因素,若外部约束强,骨架摩擦系数大,此时骨架结构稳定,填充料的冻胀主要倾向为充填作用,填料宏观冻胀不明显。若外部约束弱时,填充料膨胀,抬升骨架,骨架颗粒产生微位移,造成填料的宏观膨胀。实际微冻胀填料的冻胀过程是充填作用与抬升作用的动态平衡过程。充填与抬升作用与其内部结构特征有关。混合料的级配结构类型与不同粒径颗粒的比例有直接关系,当填充料颗粒比例较低不足以填充骨架间的孔隙,即为骨架孔隙结构;当填充料颗粒比例增加以致其含量刚好能密实地填充骨架间的孔隙,即变为骨架密实结构;当填充料颗粒比例继续增加,粗颗粒所占比例减小,填充料颗粒将挤开原来形成的骨架,级配结构即变为悬浮密实结构。

第 5 章 微冻胀填料冻胀模型

5.1 微冻胀填料完全填充情况分析

微冻胀填料剩余孔隙率直接决定着内部对冻胀的消解能力。填充料冻胀时若首先填满剩余孔隙，然后才促使混合料的宏观膨胀，那么，此时的宏观冻胀为其最小状态。微冻胀填料属于粗粒土具有土的三相特征，微冻胀填料在冻胀过程中实际是混合料中填充料颗粒（其属于细粒土，比表面较大，在低温过程中吸附了附近水分子，并且水分子在低温情况下发生相变，体积增大）冻胀。微冻胀填料试样冻胀时粗颗粒不胀，而且粗颗粒亦是刚体，但细颗粒低温冻胀。

细颗粒组分体积为土颗粒和水分，细颗粒冻胀时，一部分水迁移出去。此处我们假设填充料颗粒直接膨胀来模拟实际情况填充料颗粒吸附水分子膨胀。我们为研究微冻胀填料完全填充情况，简化混合料试样由骨架粗颗粒、填充料颗粒和孔隙三部分组成，如图 5-1、图 5-2 所示。

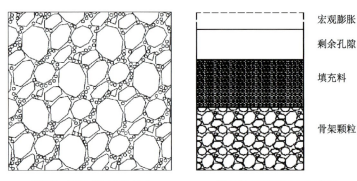

图 5-1　实际混合料示意图　　图 5-2　混合料组成示意图

根据图 5-1、图 5-2 所示，填充料和剩余孔隙组成了混合料的骨架孔隙，填充料填充骨架孔隙，然后混合料试样在侧限条件下填充料低温膨胀，首先填充剩余孔隙，当剩余孔隙填满后，若继续膨胀，此时膨胀的量为混合料试样宏观膨胀量，微冻胀填料完全填充模型理论关系式如下。

$$\Delta V_{混合料} = \Delta V_{填充料} - \Delta V_{骨架孔隙} \tag{5-1}$$

$$\Delta V_{骨架孔隙} = V_{剩余孔隙} \tag{5-2}$$

$$V_{骨架} = \frac{m_{骨架}}{\rho_{骨架}} \tag{5-3}$$

$$V_{填充料} = \frac{m_{填充料}}{\rho_{填充料}} \tag{5-4}$$

且因为：

$$V_{混合料} = V_{骨架} + V_{填充料} + V_{剩余孔隙} \tag{5-5}$$

根据式(5-5),有

$$V_{剩余孔隙} = V_{混合料} - (V_{填充料} + V_{骨架}) \tag{5-6}$$

由式(5-1)与 $\Delta V_{填充料} = V_{填充料}\alpha$ 得：

$$\Delta V_{混合料} = \Delta V_{填充料} - V_{剩余孔隙} = V_{填充料}\alpha - V_{剩余孔隙} \tag{5-7}$$

由式(5-7)与式(5-5)得：

$$\Delta V_{混合料} = V_{填充料}\alpha - V_{混合料} + V_{骨架} + V_{填充料} = V_{填充料}(1+\alpha) + V_{骨架} - V_{混合料} \tag{5-8}$$

由式(5-3)、式(5-4)以及式(5-8)得：

$$\Delta V_{混合料} = \frac{m_{填充料}}{\rho_{填充料}}(1+\alpha) + \frac{m_{骨架}}{\rho_{骨架}} - V_{混合料} \tag{5-9}$$

因为：

$$\frac{m_{填充料}}{m_{填充料} + m_{骨架}} = \theta \tag{5-10}$$

根据式(5-6),所以：

$$m_{填充料} = \frac{\theta}{1-\theta} m_{骨架} \tag{5-11}$$

由式(5-10)、式(5-11)可得：

$$\Delta V_{混合料} = m_{骨架}\left[\frac{\frac{\theta}{1-\theta}(1+\alpha)}{\rho_{填充料}} + \frac{1}{\rho_{骨架}}\right] - V_{混合料} \tag{5-12}$$

根据体积宏观膨胀率得：

$$\eta_{混} = \frac{\frac{\Delta V_{混合料}}{\pi R^2}}{\frac{V_{混合料}}{\pi R^2}} = \frac{\Delta V_{混合料}}{V_{混合料}} \tag{5-13}$$

$$\eta_{填充料} = \alpha \tag{5-14}$$

由式(5-12)、式(5-13)、式(5-14)可得：

$$\eta_{混} = m_{骨架}\left[\frac{\frac{\theta}{1-\theta}(1+\alpha)}{\rho_{填充料}} + \frac{1}{\rho_{骨架}}\right]/V_{混合料} - 1 \tag{5-15}$$

因为：

$$\rho_{混} = \frac{m_{骨架} + m_{填充料}}{V_{混合料}} \tag{5-16}$$

而由式(5-11)、式(5-16)得：

$$m_{骨架} = \rho_{混}(1-\theta)V_{混合料} \tag{5-17}$$

所以由式(5-15)、式(5-17)可得：

$$\eta_{混} = m_{骨架}\left[\frac{\frac{\theta}{1-\theta}(1+\alpha)}{\rho_{填充料}} + \frac{1}{\rho_{骨架}}\right]/V_{混合料} - 1 = \rho_{混}(1-\theta)\left[\frac{\frac{\theta}{1-\theta}(1+\alpha)}{\rho_{填充料}} + \frac{1}{\rho_{骨架}}\right] - 1 \tag{5-18}$$

又因为骨架颗粒相对密度定义：

$$G_{骨架} = \frac{\rho_{骨架}}{\rho_w} \tag{5-19}$$

所以由式(5-18)、式(5-19)：

$$\eta_{混} = \rho_{混}(1-\theta)\left[\frac{\frac{\theta}{1-\theta}(1+\alpha)}{\rho_{填充料}} + \frac{1}{\rho_{骨架}}\right] - 1 = \rho_{混}(1-\theta)\left[\frac{\frac{\theta}{1-\theta}(1+\alpha)}{\rho_{填充料}} + \frac{1}{G_{骨架}\rho_w}\right] - 1 \tag{5-20}$$

根据混合料骨架孔隙定义：

$$e = \frac{V_{剩余孔隙}}{V_S} = \frac{V_{剩余孔隙}}{V_{骨架} + V_{填充料}} \tag{5-21}$$

由式(5-21)得：

$$V_{剩余孔隙} = e(V_{骨架} + V_{填充料}) \tag{5-22}$$

由密度定义及式(5-22)整理得：

$$\rho_{混} = \frac{m_{骨架} + m_{填充料}}{V_{骨架} + V_{填充料} + V_{剩余孔隙}} = \frac{m_{骨架} + m_{填充料}}{V_{骨架} + V_{填充料} + e(V_{骨架} + V_{填充料})} = \frac{m_{骨架} + m_{填充料}}{(1+e)(V_{骨架} + V_{填充料})} \tag{5-23}$$

由密度定义得：

$$\rho_{骨架} = \frac{m_{骨架}}{V_{骨架}} \tag{5-24}$$

$$\rho_{填充料} = \frac{m_{填充料}}{V_{填充料}} \tag{5-25}$$

由式(5-10)、式(5-16)、式(5-23)、式(5-24)、式(5-25)得：

$$\rho_{混} = \frac{m_{骨架} + m_{填充料}}{(1+e)(V_{骨架} + V_{填充料})} = \frac{\rho_{混} V_{混合料}}{(1+e)\left[\frac{m_{骨架}}{\rho_{骨架}} + \frac{m_{填充料}}{\rho_{填充料}}\right]} = \frac{\rho_{混} V_{混合料}}{(1+e)\left[\frac{\rho_{混}(1-\theta) V_{混合料}}{G_{骨架}\rho_w} + \frac{\rho_{混} \theta V_{混合料}}{\rho_{填充料}}\right]} \tag{5-26}$$

所以由式(5-26)得：

$$(1+e)\left[\frac{\rho_{混}(1-\theta) V_{混合料}}{G_{骨架}\rho_w} + \frac{\rho_{混} \theta V_{混合料}}{\rho_{填充料}}\right] = 1 \tag{5-27}$$

由式(5-27)得：

$$\frac{(1-\theta)}{G_{骨架}\rho_w} + \frac{\theta}{\rho_{填充料}} = \frac{1}{(1+e)\rho_{混}} \tag{5-28}$$

由式(5-28)得：

$$\frac{\theta}{\rho_{填充料}} = \frac{1}{(1+e)\rho_{混}} - \frac{(1-\theta)}{G_{骨架}\rho_w} \tag{5-29}$$

由式(5-29)得：

$$\rho_{填充料} = \cfrac{\theta}{\cfrac{1}{(1+e)\rho_{混}} - \cfrac{(1-\theta)}{G_{骨架}\rho_w}} \tag{5-30}$$

由孔隙比定义得：

$$e = \frac{d_s\rho_w(1+0.01w)}{\rho} - 1 = \frac{d_s\rho_w(1+0.01w)}{\rho_{混}} - 1 \tag{5-31}$$

由式(5-30)及式(5-31)得：

$$\rho_{填充料} = \cfrac{\theta}{\cfrac{1}{(1+e)\rho_{混}} - \cfrac{1-\theta}{G_{骨架}\rho_w}} = \cfrac{\theta}{\cfrac{1}{d_s\rho_w(1+0.01w)} - \cfrac{1-\theta}{G_{骨架}\rho_w}} \tag{5-32}$$

由式(5-30)及式(5-32)得：

$$\eta_{混} = \rho_{混}(1-\theta)\left[\cfrac{\cfrac{\theta}{1-\theta}(1+\alpha)}{\rho_{填充料}} + \cfrac{1}{G_{骨架}\rho_w}\right] - 1 = \left[\cfrac{\rho_{混}(1+\alpha)}{d_s\rho_w(1+0.01w)} - \cfrac{\rho_{混}(1-\theta)\alpha}{G_{骨架}\rho_w}\right] - 1 \tag{5-33}$$

将式(5-33)简化为：

$$\eta_{混} = \eta(\rho_{混}, \theta, \alpha, d_s, \rho_w, w, G_{骨架}) \tag{5-34}$$

上述式中：α——填充料膨胀率；

θ——填充料含量；

$\rho_{混}$——混合料密度；

ρ_w——水的密度；

w——含水率；

$G_{骨架}$——骨架颗粒相对密度。

根据上式微冻胀填料完全充填情况分析，混合料宏观膨胀和混合料密度、填充料含量、填充料膨胀率、混合料相对密度、水的密度、微冻胀填料含水率以及骨架相对密度有密切的关系，实际的冻胀率会高于该值。

5.2 微冻胀填料不完全填充情况分析

工程中使用的微冻胀填料是骨架料和填充料的混合物，在低温下含水的填充料颗粒会发生冻胀。随着填充料体积增大、并非膨胀体积占满剩余孔隙再抬升骨架。实际上填充料冻胀时，在未完全充填骨架剩余孔隙其遇到的阻力即可促使其足以抬升骨架。在宏观上体现为混合料的冻胀过程。

要深入认识混合料的冻胀规律，决不能只是停留在宏观层面，而要从细观入手，理解孔隙中的填允料与作为微冻胀填料之间的相互作用关系。填充料膨胀时,混合料骨架孔隙不可能完全填充。微冻胀填料试样在侧限条件下膨胀,填充料在膨胀过程中产生了塑性变形而填充骨架孔隙,并且引起微冻胀填料试样宏观抬升。孔隙中的填充料的受力形式是非常复杂的。填充料颗粒并非均匀的分布于整个混合料骨架孔隙,但初始状态填充料不完全填充骨架孔隙,此时细骨料应力较小时,粗骨料不受其影响,粗骨料骨架不变形,此时粗、细骨料接触面相当于是位移边界条件;随着填充料膨胀并占有骨架孔隙的剩余部分。此时虽然细骨料应力较大,由于此时填充料膨胀之后并未填充满混合料骨架孔隙,混合料骨架颗粒并未被顶起,混合料骨架亦未被撑开。同时,粗骨料并未将细骨料完全包围,各孔隙之间相互联通,细骨料既可以在某个大孔隙中膨胀变形,也可以被挤压到相邻孔隙之中,所以无法用简单的力学模型来描述其受力状态,如图5-3所示。

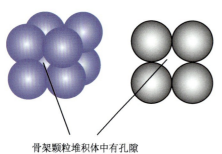

骨架颗粒堆积体中有孔隙
充填料分布在孔隙中
图5-3 填充料充填骨架孔隙示意

为此根据Griffith(格里菲斯)微裂纹理论,采用最小能量原理,即一个系统总是要调整自己,使系统的总能量达到最低,使自己处于稳定的平衡状态(宏观世界与微观世界都适用)。且最小能量原理在土木界已有研究,赵阳升等研究了岩体破坏与能量释放的过程,尤其是动力破坏过程,很多情况下是一个失稳过程,其能量转化始终遵循一个原理,那就是岩体动力破坏的最小能量原理。为建立能量方程模型,需引入流变学理论。通常情况下通过微观和宏观两方面研究流变性质,微观方面着重从微观结构研究岩土具有流变性质的原因和影响因素,仅做定性分析。宏观方面则假定岩土是均质体,采用直观的物理流变模型来模拟土体结构,通过数学力学分析建立相关计算公式,定量分析岩土的流变性质与对工程的影响。为此本书应用物理中的类比法,采用多孔活塞将填充料至于缸内,将填充料的膨胀受力状态类比为如图5-4所示的数学物理模型。

将微冻胀填料骨架的每一个孔隙看作一个容器(图5-4),容器顶板为多孔板,孔越多对应骨架孔隙率越大。

填充率表示其充填程度,定义为填充料体积与骨架孔隙体积的比值。假设填充料颗粒填充混合料骨架颗粒的孔隙的填充率为 β,且有:

$$\beta = \frac{V_{填充料}}{V_{骨架孔隙}} \tag{5-35}$$

置初始状态的填充率为 β_0,则由式(5-35)得:

$$V_{骨架孔隙} = \frac{V_{填充料}}{\beta} \tag{5-36}$$

对于填充料填充骨架孔隙时,混合料骨架颗粒体积在膨胀过程中并未改变,而混合料要发生宏观体积变化,只能通过改变骨架孔隙实现,计算公式如下:

$$\Delta V_{混合料} = \Delta V_{骨架孔隙} = \frac{\Delta V_{填充料}}{\beta} + \frac{V_{填充料}}{\beta} - \frac{V_{填充料}}{\beta_0} \tag{5-37}$$

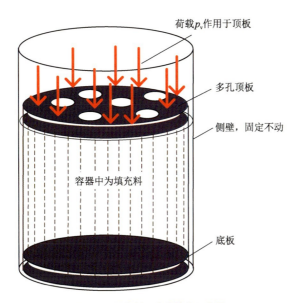

图 5-4 混合料不完全填充示意图

根据 Griffith 理论的核心即能量平衡的思想：裂纹扩展力 = 裂纹的扩展阻力，其中裂纹扩展力由势能的释放提供，而裂纹的扩展阻力由形成新表面的表面能（或者塑性耗散能）提供。对微冻胀填料不完全填充模型进行能量平衡分析，即填充料膨胀势能和弹性势能增量、填充料膨胀致使活塞抬升的能量以及挤出孔隙而产生的塑性变形消耗的能量之和相等。骨架约束力的讨论，此膨胀过程中，骨架应力逐渐减小，相当于在对其进行卸载。卸载过程中没有塑性耗能。假设极端情况，细骨料膨胀量较大，粗骨料的骨架之间接触力很小，这时粗骨料相当于悬浮在细骨料中。混合物进入塑性，是因为填充料是塑性的。粗颗粒骨架相互接触力很小、变形过程中没有摩擦耗能。可以认为塑性破坏的时候，是细颗粒进入了塑性。而骨架颗粒骨架本身应力较小，即便进入塑性，也不耗能。摩擦力 = 摩擦系数 × 接触力。如果接触力很小，即使摩擦系数大，摩擦力也小。

填充料颗粒膨胀时，多孔板向上移动，导致宏观体积增加。此外，一部分细颗粒从顶板孔隙中挤出，其塑性变形消耗部分能量，计算公式如下：

$$\Delta V_{填充料} = \Delta V_{混合料} + \Delta V_{挤出} \tag{5-38}$$

由式(5-38)得：

$$\Delta V_{挤出} = \Delta V_{填充料} - \Delta V_{混合料} \tag{5-39}$$

故由式(5-37)及式(5-39)得：

$$\Delta V_{挤出} = \Delta V_{填充料} - \frac{\Delta V_{填充料}}{\beta} - \frac{V_{填充料}}{\beta} + \frac{V_{填充料}}{\beta_0} \tag{5-40}$$

因填充料颗粒进入塑性，其弹性势能不再增加，因此 $\Delta E_{弹性势能} = 0$。

混合物膨胀量为 $\Delta V_{总}$，上部荷载为 N，压强为 $p_v = \dfrac{N}{S_2}$，其中假设活塞面积 $S = S_1 + S_2$，S_1 为

活塞开孔面积,S_2 为活塞非开孔面积。故膨胀过程中对外做功为

$$W_{对外做功} = \Delta V_{总} p_v \tag{5-41}$$

挤出量为式(5-40),这部分土发生塑性变形耗散能量。由最小耗能原理的塑性应变流动法则的一般表达式,塑性变形消耗能量率

$$\psi = \int_v \rho\varphi dv \tag{5-42}$$

其中 $\rho\varphi = \sigma d\varepsilon^p$,能量耗散过程只有在满足屈服准则之后才有可能发生。塑性能等于应力与摩擦系数和体积应变之积,即 $W_{塑性变形耗能}$ 与土体内部摩擦系数 K 成正比,与土体应力 P 成正比,与挤出的土体体积成正比。此外,β 越大、多孔板上孔的面积越小,土体越难挤出,耗能越大,故它应该与 $\dfrac{1}{1-\beta}$ 正相关。所以塑性耗能写成如下形式:

$$W_{塑性变形耗能} = \chi K P \Delta V_{挤出} \dfrac{1}{1-\beta} \tag{5-43}$$

式中:χ——常数,$\chi = (1-\beta_0)b$;

K——土体内部摩擦系数,取 $K = \tan\varphi$。

P 的求法如下:

考虑多孔板孔下方正要被挤出的一块微元体,其处于塑性流动状态,且 $\sigma_3 = 0$。$\sigma_1 = \sigma_2 > 0$。根据莫尔-库仑准则,可以求得 $\sigma_1 = \sigma_2 = 2c\dfrac{\cos\varphi}{1-\sin\varphi}$,所以有:

$$P = \dfrac{\sigma_1 + \sigma_2 + \sigma_3}{3} = \dfrac{4}{3}c\dfrac{\cos\varphi}{1-\sin\varphi} \tag{5-44}$$

这一过程的膨胀势能表示为:

$$\Delta H = \Delta E_{弹性势能} + W_{对外做功} + W_{塑性变形耗能} = \Delta V_{混合料} p_v + \chi K P \Delta V_{挤出} \dfrac{1}{1-\beta} \tag{5-45}$$

由式(5-37)、式(5-40)及式(5-45)得:

$$\Delta H = (\dfrac{\Delta V_{填充料}}{\beta} + \dfrac{V_{填充料}}{\beta} - \dfrac{V_{填充料}}{\beta_0})p_v + \chi K P (\Delta V_{填充料} - \dfrac{\Delta V_{填充料}}{\beta} - \dfrac{V_{填充料}}{\beta} + \dfrac{V_{填充料}}{\beta_0})\dfrac{1}{1-\beta} \tag{5-46}$$

根据最小能量原理,对于具有定常体积、外参量和熵的封闭系统,系统总的内能将趋向减小,当达到平衡状态时,总的内能达到极小值。β 的大小应该使得 ΔH 最小,β 的定义域为 $\beta_0 \leq \beta \leq 1$。

ΔH 取极小值的必要条件是:

$$\dfrac{\partial \Delta H}{\partial \beta} = 0 \tag{5-47}$$

所以由式(5-46)求导得:

$$\frac{\partial \Delta H}{\partial \beta} = \left(-\frac{\Delta V_{填充料}}{\beta^2} - V_{填充料}\frac{1}{\beta^2} \right)p_v + \chi KP\left(\frac{\Delta V_{填充料}}{\beta^2} + V_{填充料}\frac{1}{\beta^2} \right)\frac{1}{1-\beta} + \chi KP\left(\Delta V_{填充料} - \frac{\Delta V_{填充料}}{\beta} - \frac{V_{填充料}}{\beta} + \frac{V_{填充料}}{\beta_0} \right)\frac{1}{(1-\beta)^2} \tag{5-48}$$

由式(5-47)及式(5-48)得：

$$\left(\frac{1}{1-\beta}\chi KP - p_v \right)\left(\frac{\Delta V_{填充料}}{\beta^2} + V_{填充料}\frac{1}{\beta^2} \right) + \chi KP\left(\Delta V_{填充料} - \frac{\Delta V_{填充料}}{\beta} - \frac{V_{填充料}}{\beta} + \frac{V_{填充料}}{\beta_0} \right)\frac{1}{(1-\beta)^2} = 0 \tag{5-49}$$

方程中，令 $\alpha = \frac{\Delta V_{填充料}}{V_{填充料}}$ 为填充料颗粒的体积膨胀率，$b = \frac{p_v}{KP}$ 则方程简化为：

$$\left(\frac{1}{1-\beta}\chi - b \right)\left(\frac{\alpha}{\beta^2} + \frac{1}{\beta^2} \right) + \chi\left(\alpha - \frac{\alpha}{\beta} - \frac{1}{\beta} + \frac{1}{\beta_0} \right)\frac{1}{(1-\beta)^2} = 0 \tag{5-50}$$

易知，$\alpha = 0$ 时，$\beta = \beta_0$，带入上式得：$\frac{1}{1-\beta_0}\chi - b = 0, \chi = (1-\beta_0)b$

容易证明，$\alpha \rightarrow +\infty$ 时，$\beta \rightarrow 1^-$。

求解得：

$$\left(\alpha\chi - b - \alpha b + \frac{\chi}{\beta_0} \right)\beta^2 + (2\alpha b - 2\chi - 2\alpha\chi + 2b)\beta + (\alpha\chi - b - \alpha b + \chi) = 0 \tag{5-51}$$

一元二次方程式(5-51)的解为：

$$\beta = \frac{-(2\alpha b - 2\chi - 2\alpha\chi + 2b) \pm \sqrt{(2\alpha b - 2\chi - 2\alpha\chi + 2b)^2 - 4\left(\alpha\chi - b - \alpha b + \frac{\chi}{\beta_0} \right)(\alpha\chi - b - \alpha b + \chi)}}{2\left(\alpha\chi - b - \alpha b + \frac{\chi}{\beta_0} \right)} \tag{5-52}$$

根据 β 的定义域为 $\beta_0 \leq \beta \leq 1$，所以

$$\beta = \frac{-(2\alpha b - 2\chi - 2\alpha\chi + 2b) + \sqrt{(2\alpha b - 2\chi - 2\alpha\chi + 2b)^2 - 4\left(\alpha\chi - b - \alpha b + \frac{\chi}{\beta_0} \right)(\alpha\chi - b - \alpha b + \chi)}}{2\left(\alpha\chi - b - \alpha b + \frac{\chi}{\beta_0} \right)} \tag{5-53}$$

根据式(5-53)简化为：

$$\beta = \beta(\alpha, b, \chi, \beta_0) \tag{5-54}$$

其中，$b = \frac{p_v}{KP}, p_v = \frac{N}{S} = N(1+e), \chi = (1-\beta_0)b$。

所以式(5-54)进一步优化得：

$$\beta = \beta(N, \alpha, C, \varphi, \beta_0) \tag{5-55}$$

从不完全填充模型膨胀填充率式子可以得出，膨胀填充率与上覆荷载、填充料黏聚力、摩擦角、初始填充率参数密切相关。

几个物理量的关系：

$$e_{骨架0} = \frac{V_{骨架孔隙}}{V_{骨架固}} \tag{5-56}$$

$$\beta_0 V_{骨架孔隙} = V_{填充料} \tag{5-57}$$

膨胀过程中：

$$e_{骨架} = \frac{V_{骨架孔隙} + \Delta V_{骨架孔隙}}{V_{骨架固}} = e_{骨架0} + \frac{\Delta V_{骨架孔隙}}{V_{骨架固}}$$

$$= e_0 + \frac{1}{V_{骨架固}} \left(\frac{\Delta V_{填充料}}{\beta} + \frac{V_{填充料}}{\beta} - \frac{V_{填充料}}{\beta_0} \right) = e_0 + \frac{V_{填充料}}{V_{骨架固}} \left(\frac{\alpha}{\beta} + \frac{1}{\beta} - \frac{1}{\beta_0} \right) \tag{5-58}$$

骨架颗粒孔隙增加过程中，$\Delta V_{骨架孔隙} > 0$，$e_{骨架}$随之增加。

由式(5-57)，若只有抬升作用，$\beta \equiv \beta_0$，则$\Delta V_{骨架孔隙}$与$\Delta V_{填充料}$的比值不变，始终有

$$V_{骨架孔隙} + \Delta V_{骨架孔隙} = \frac{V_{填充料} + \Delta V_{填充料}}{\beta_0} \tag{5-59}$$

挤出的难易程度和β直接相关。式(5-57)中，如果$\Delta V_{填充料}$不变，只增加β，则$\Delta V_{骨架孔隙}$会减小，也就是说"挤出孔越小，抬升越少，越不易挤出"。

填充料颗粒膨胀，抬升的量按式(5-47)计算得出，挤出的量按式(5-50)计算得出。两者的比例是将β分别代入式(5-47)、式(5-50)计算得出。

5.3 微冻胀填料冻胀模型建立

实际工程中，微冻胀填料在填充料膨胀时，其骨架孔隙不可能完全填充，因此需要对完全填充微冻胀填料冻胀模型进行修正，结合微冻胀填料完全填充理论模型与不完全填充模型，考虑充填和抬升作用的相互影响，基于能量最低原理，可得所求模型。完全填充时，微冻胀填料冻胀模型为式(5-1)；不完全填充时，微冻胀填充料模型为式(5-38)。

$$\Delta V_{混合料} = \Delta V_{填充料} - \frac{\alpha - \frac{\alpha}{\beta} - \frac{1}{\beta} + \frac{1}{\beta_0}}{\frac{1}{\beta} - 1} (V_{骨架孔隙} - V_{填充料}) \tag{5-60}$$

其中：

$$M = \frac{\alpha - \frac{\alpha}{\beta} - \frac{1}{\beta} + \frac{1}{\beta_0}}{\frac{1}{\beta} - 1} \tag{5-61}$$

所以微冻胀填料冻胀模型简化为：

$$\Delta V_{混合料} = \Delta V_{填充料} - M(V_{骨架孔隙} - V_{填充料}) \tag{5-62}$$

量化上式，由式(5-2)及式(5-62)得：

$$\Delta V_{混合料} = \Delta V_{填充料} - MV_{剩余孔隙} = V_{填充料}\alpha - MV_{剩余孔隙} \tag{5-63}$$

由式(5-6)及式(5-63)得：

$$\Delta V_{混合料} = V_{填充料}\alpha - MV_{混合料} + MV_{骨架} + MV_{填充料} \tag{5-64}$$

整理式(5-64)得：

$$\Delta V_{混合料} = V_{填充料}\alpha - MV_{混合料} + MV_{骨架} + MV_{填充料} = V_{填充料}(M+\alpha) + MV_{骨架} - MV_{混合料} \tag{5-65}$$

由式(5-3)、式(5-4)及式(5-65)得：

$$\Delta V_{混合料} = \frac{m_{填充料}}{\rho_{填充料}}(M+\alpha) + M\frac{m_{骨架}}{\rho_{骨架}} - MV_{混合料} \tag{5-66}$$

由式(5-11)，整理式(5-66)得：

$$\Delta V_{混合料} = m_{骨架}\left[\frac{\frac{\theta}{1-\theta}(M+\alpha)}{\rho_{填充料}} + \frac{M}{\rho_{骨架}}\right] - MV_{混合料} \tag{5-67}$$

根据式(5-13)、式(5-14)以及式(5-67)，所以：

$$\eta_{混} = \frac{\Delta V_{混合料}}{V_{混合料}} = \frac{m_{骨架}}{V_{混合料}}\left[\frac{\frac{\theta}{1-\theta}(M+\alpha)}{\rho_{填充料}} + \frac{M}{\rho_{骨架}}\right] - M \tag{5-68}$$

因为式(5-17)，并将其带入式(5-68)，所以：

$$\eta_{混} = \frac{m_{骨架}}{V_{混合料}}\left[\frac{\frac{\theta}{1-\theta}(M+\alpha)}{\rho_{填充料}} + \frac{M}{\rho_{骨架}}\right] - M = \rho_{混}(1-\theta)\left[\frac{\frac{\theta}{1-\theta}(M+\alpha)}{\rho_{填充料}} + \frac{M}{\rho_{骨架}}\right] - M \tag{5-69}$$

因为式(5-19)，并将其带入式(5-69)得：

$$\eta_{混} = \rho_{混}(1-\theta)\left[\frac{\frac{\theta}{1-\theta}(M+\alpha)}{\rho_{填充料}} + \frac{M}{\rho_{骨架}}\right] - M = \rho_{混}(1-\theta)\left[\frac{\frac{\theta}{1-\theta}(M+\alpha)}{\rho_{填充料}} + \frac{M}{G_{骨架}\rho_{w}}\right] - M \tag{5-70}$$

此处引入式(5-32)，左边：$\Delta V_{总} = \eta_{混} hS$。其中 hS 根据完全填充模型为1，整理式(5-70)得：

$$\eta_{混} = \rho_{混}(1-\theta)\left[\frac{\frac{\theta}{1-\theta}(M+\alpha)}{\rho_{填充料}} + \frac{M}{G_{骨架}\rho_{w}}\right] - M = \left[\frac{\rho_{混}(M+\alpha)}{d_{s}\rho_{w}(1+0.01w)} - \frac{\rho_{混}(1-\theta)\alpha}{G_{骨架}\rho_{w}}\right] - M \tag{5-71}$$

其中，M 计算公式见式(5-61)。而 M 计算公式中的 β 计算公式见式(5-53)。

而 β 计算公式中 $b = \frac{p_{v}}{KP}$，K 表示土体内部摩擦系数，取 $K = \tan\varphi$，P 由式(5-44)确定。

压强为 $p_v = \dfrac{N}{S} = N(1+e)$，$\chi$ 是一个常数，为 $\chi = (1-\beta_0)b$，由式(5-71)简化为：

$$\eta_{混} = \eta(N, \varphi, C, \alpha, \beta_0, d_s, \rho_w, w, \rho_{混}, \theta, G_{骨架}) \tag{5-72}$$

式(5-72)中各参数通过室内填充料冻胀试验和简单的微冻胀填料基本物理力学试验获取。

根据微冻胀填料冻胀模型，微冻胀填料冻胀和试样上覆荷载、填充料塑性变形摩擦角、填充料黏聚力、填充料冻胀率、混合料初始填充料填充骨架孔隙程度、混合料相对密度、水的密度、混合料含水率、混合料密度、填充料含量以及混合料骨架相对密度均有密切的关系。

5.4 微冻胀填料冻胀模型验证

5.4.1 试验验证

(1) 由试验得出粉土的物理力学指标和冻胀率

塑限 $w_p = 9$，黏聚力 $c_1 = 6\text{kPa}$，摩擦角 $\varphi = 30°$，$\rho_{细} = 2.1(\text{g/cm}^3)$，上覆荷载 $N_1 = 60\text{kPa}$，孔隙比 $e = 0.3$，初始填充率 $\beta_0 = 0.178$，$\alpha = \dfrac{0.33\text{mm}}{150\text{mm}} = 0.22\%$。

(2) 根据前文推导的填料冻胀计算公式，计算其冻胀率

$b = \dfrac{N(1+e)}{kp} k = \tan\varphi = 0.5773$，$c_1 = 6\text{kPa}$

$p = \dfrac{4}{3} \times 6 \times \dfrac{0.866}{1-0.5} = 7.293$

$b = \dfrac{60 \times (1+0.3)}{0.5773 \times 13.856} = 9.751$

$\chi = (1-\beta_0)b = (1-0.178) \times 9.751 = 8.0153$

$A = 2 \times \left(0.22\% \times 8.0153 - 9.751 - 0.22\% \times 9.751 + \dfrac{8.0153}{0.178}\right) = 70.549$

$B = -2(\alpha b - \chi - \alpha\chi + b) = -2 \times (0.22\% \times 9.751 - 8.0153 - 0.22\% \times 8.0153 + 9.751)$

$\quad = -2 \times 1.739 = -3.479$

$C = (\alpha\chi - b - \alpha b + \chi) = 0.22\% \times 8.0153 - 9.751 - 0.22\% \times 9.751 + 8.0153 = -1.7395$

所以填充率式(5-53)为：

$\beta = \dfrac{-B + \sqrt{B^2 - 4AC}}{2A} = \dfrac{-3.479 + \sqrt{3.479^2 + 4 \times 35.2745 \times 1.7395}}{70.549} = \dfrac{-3.479 + 16.048}{70.549}$

$\quad = 0.178162$

修正系数式(5-61):

$$M = \frac{\alpha - \dfrac{\alpha}{\beta} - \dfrac{1}{\beta} + \dfrac{1}{\beta_0}}{\dfrac{1}{\beta} - 1} = \frac{0.22\% - \dfrac{0.22\%}{0.178162} - \dfrac{1}{0.178162} + \dfrac{1}{0.178}}{\dfrac{1}{0.178162} - 1} = 1.0906 \times 10^{-3}$$

$\rho_{混} = 2.2 \text{g/cm}^3$, $M = 1.0906 \times 10^{-3}$, $\alpha = 0.22\%$, $\theta = 7\%$, $w = 6\%$, $d_s = 2.48$, $G_{骨架} = 2.7$

根据式(5-70)得出填料冻胀率:

$$\begin{aligned}
\eta_{混} &= \left[\frac{\rho_{混}(M+\alpha)}{d_s \rho_w (1+0.01w)} - \frac{\rho_{混}(1-\theta)\alpha}{G_{骨架}\rho_w}\right] - M \\
&= \left[\frac{2.2(1.0906 \times 10^{-3} + 0.22\%)}{2.48 \times 1 \times (1+0.01 \times 6\%)} - \frac{2.2(1-7\%) \times 0.22\%}{2.7 \times 1}\right] - 1.0906 \times 10^{-3} \\
&= \left[\frac{7.23932 \times 10^{-3}}{2.4801488} - 1.667111 \times 10^{-3}\right] - 1.0906 \times 10^{-3} = 0.016\%
\end{aligned}$$

试验室填料冻胀率:

$$\eta_{混} = \frac{0.114 \text{mm}}{150 \text{mm}} = 0.076\%$$

比较计算得出的填料冻胀率与室内试验填料冻胀率相差仅为0.06%,可以说明推导的微冻胀填料冻胀计算公式正确。

5.4.2 持水分析

通过室内试验可以分析,单独填充料和微冻胀填料均在充分泡水的条件下分别进行冻胀试验,即冻胀之前两者的含水率近似相等。填充料由于颗粒粒径较小,在压实的状态下,外部水很难进入其中,若填充料内部还有水,其水分也不易渗出,填充料的压实状态含水率和其最佳含水率相同,而微冻胀填料具有粗粒土特征,填料渗透性大,含水率相对较低,即填料之持水能率通常不高,在5%~10%之间。由此可以得出结论,单独填充料与微冻胀填料中填充料的持水能力相当,含水率近似相等,进一步证明了本章所推导公式的有效性。

5.5 本章小结

本章根据微冻胀填料完全填充理论模型与不完全填充模型,建立了微冻胀填料冻胀模型 $\eta_{混} = \eta(N, \varphi, C, \alpha, \beta_0, d_s, \rho_w, w, \rho_{混}, \theta, G_{骨架})$。证明了微冻胀填料冻胀与上覆荷载、填充料塑性变形摩擦角、填充料黏聚力、填充料冻胀率、混合料初始填充料填充骨架孔隙程度、混合料相对密度、水的密度、混合料含水率、混合料密度、填充料含量以及混合料骨架相对密度均有密切的关系,并验证了微冻胀填料冻胀模型,分析了填充料及填料的持水状况。

FROST HEAVE MECHANISM AND
TREATMENT TECHNOLOGY OF
HIGH-SPEED RAILWAY SUBGRADE IN COLD AREA

第 6 章

微冻胀填料冻胀评价与试验方法

6.1 微冻胀填料冻胀评价原则

由前文分析知,影响路基填料冻胀的因素主要包括填充料含量、冻前含水率、微冻胀填料密度、微冻胀填料骨架密度、微冻胀填料初始填充率、外荷载以及填充料黏聚力和内摩擦角,因此可用于评价土冻胀性的指标也有多种。

国外评价土冻胀性的方法大致可以分为三类:其一是采用单指标评价土的冻胀性,自20世纪30年代起,欧美国家进行分类时以土颗粒粒径与冻胀性之间的密切关系为依据,以粒径组成单一指标进行冻胀性分类,该方法对粗粒土用得较多的是颗粒粒径和细粒含量,而且多数以0.075mm作为粗、细粒径界限,但是由于各国各地区细粒含量值存在差异,细粒土的冻胀性用塑性指数或液限的较多;其二是采用综合性指标分类,进入20世纪60年代,随着冻土工程研究进一步深入,采用单一指标评价土的冻胀性准确度不够,便在分类中加入了水文、气温等指标进行综合冻胀分类;其三是采用土的粒径分布图来评价其冻胀性,这类方法目前只有少数国家和地区使用。

国内从20世纪60年代开始,建筑、水利、交通、石油等部门结合行业特点与需求,均对土的冻胀性进行了研究。早期,我国粗粒土的划分和冻胀指标的选择较大程度受苏联的影响;近期,随着较多的室内冻土试验以及参考欧美国家分类标准,我国对冻土冻胀性评价指标逐渐统一,并形成统一的观点,即对于粗粒土,采用土中细粒含量作为评价填料冻胀性的依据,另外结合土的含水率、气温等因素对填料进行评价。

近年来,铁科院针对季节性冻土区铁路路基填料的冻胀分类做了针对性研究,叶阳升等采用室内试验的方法,在分析路基的冻胀特性、影响路基冻胀的因素、路基冻害整治中存在的问题的基础上,借鉴国内外地基土的冻胀性分类,结合铁路路基填料分类的特点、铁路线路冻胀限高和维修标准,考虑细粒含量、冻前含水率及塑限,提出了采用冻胀量 Δh 为冻胀等级的划分指标的铁路路基填料冻胀性分类方案。此分类方案中,在确定冻前含水率 w 与冻胀量 Δh 的对应关系上,基本引用了"季节性冻土冻胀分类"中的冻胀率 $\eta(\%)$ 与冻前含水率 w 的相关统计资料,冻前含水率 w 的确定需要进一步的现场测试和积累资料。此外,一方面此分类方案针对普速铁路路基冻胀,是否可以应用于高速铁路路基有待商榷;另一方面,此分类方案尚不能考虑微冻胀填料密度、微冻胀填料骨架密度、微冻胀填料初始填充率、外荷载以及填充料黏聚力和内摩擦角的影响。而其采用铁路路基填料冻胀敏感性分类方法,先用细粒含量再按冻前含水率两个冻胀指标进行分类。没有对填料冻胀进行精确量化,鉴于此,本节在该分类方案基础上,结合第5章提出的微冻胀填料冻胀率预测模型式(5-72),提出针对高速铁路路基,且可考虑填充料含量、冻前含水率、微冻胀填料密度、微冻胀填料骨架密度、微冻胀填料初始填充率、外荷载以及填充料黏聚力和内摩擦角的微冻胀填料冻胀分类方案建议。

分类之前,需明确微冻胀填料冻胀分类的依据与原则:

(1)依据《铁路路基设计规范》(TB 10001—2016)、《京沪高速铁路设计暂行规定》和《客运专线无砟轨道铁路设计指南》,把握高速铁路路基结构设计要求、含水率范围、压实标准及填料分组与分类特点。

(2)依据《铁路技术管理规程》和《铁路线路维修规则》,把握高速铁路线路正常运营和常规维修时对钢轨变形的技术要求。

(3)借鉴国内外关于土的冻胀分类方法,尤其是我国现行各类地基规范中季节性冻土分类方法,掌握其用途、特点和适用范围,选择性地采纳既有成果。

(4)结合各类冻土区的水文、温度、路基冻深、冻胀量范围的现场调查,掌握土体冻胀性的主要影响因素与冻害发生及扩展的原因和特点。

(5)根据既有铁路路基填料冻胀分类方案,确定填料为不冻胀土和微冻胀土,即冻胀高度≤4mm。

(6)根据现场调查、室内试验和公式计算,掌握填料中细颗粒含量与冻前含水率对冻胀率的影响。

6.2　既有铁路路基填料冻胀性评价方法

根据《铁路路基设计规范》(TB 10001—2016),既有铁路路基填料分为粗粒土与细粒土,粗粒土按照颗粒组成和细粒组成分为 A、B、C 三种土质,包括块石类、碎石类、砾石类和砂类。细粒土分为黏土和粉土,采用液、塑限可将其划分为高液限粉土、黏土和低液限粉土、黏土,同时按液限 $w_1=40$ 为界限,划分为 C 组和 D 组。D 组土性极差,禁止在路基上使用,因此不考虑高液限土。表 6-1 为我国铁路路基 A、B、C 类填料的解释说明。

A、B、C 类填料解释说明　　表 6-1

土类	土的类别	级配	细粒含量(%)
A	中砂、粗砂、砂砾、细砾、粗砾、碎石、卵石	级配良好	<5
		级配良好	5~15
B	卵石、碎石、粗砾、细砾、砂砾、粗砂、中砂、细砂	级配良好	<5
		级配良好	5~15
	砂砾、粗砂、中砂	—	≥15
	卵石、碎石、粗砾、细砾	级配良好	15~30
C	细砂	级配良好	<5
		—	5~15
	卵石、碎石、粗砾、细砾	—	≥30
	低液限细粒土($w_1<40$)		>50

关于路基的冻胀高度,对于铁路运输系统来说,最重要的是行车安全和旅客舒适,路基表层的变形是绝对控制因素。因此,本节填料的冻胀评价采用冻胀高度 Δh 为主要冻胀分类指标。根据《铁路技术管理规程》第 38 条,冻胀高度 Δh 定义为:维修线路的正线到发站线路两股钢轨水平面不得大于 4mm,10m 内钢轨的冻胀差不得大于 4mm 为依据,作为冻胀与不冻胀的分类界限。另外,根据我国路基冻害分布广、严重地段相对集中的特点,按照《铁路线路维修规则》,把 $\Delta h < 25$mm 称为轻微冻害,25mm $< \Delta h < 50$mm 称为中等冻害,$\Delta h > 50$mm 称为严重冻害。为便于不同等级的线路使用,可将冻胀量分为Ⅰ级冻胀、Ⅱ级冻胀、Ⅲ级冻胀、Ⅳ级冻胀。

表 6-2 为冻胀等级划分方案表。值得说明的是,路基冻胀病害指的是不均匀冻胀引起的病害,若路基均匀冻胀,则不必处理。考虑到高速铁路路基冻胀受填土是否均匀等影响程度较大,如路基设计标准很高的哈大高速铁路,凡是出现路基冻胀的地方,开挖后多数存在路基面不平,且有小坑积水,因此认为只有杜绝绝对冻胀才能保证相对冻胀差的发生。

混合填料冻胀等级划分方案表　　　　　表 6-2

冻胀等级	Ⅰ	Ⅱ	Ⅲ	Ⅳ
定性描述	轻微冻胀	弱冻胀	冻胀	强冻胀
定量描述 Δh(mm)		5～25	25～50	>50

所提方案为二级分类,首先根据叶阳升等研究成果,对土的冻胀性进行初步判定,见表 6-3。

混合填料的冻胀敏感性一级评价标准　　　　　表 6-3

土的类别			一级分类
定名		细粒含量(%)	冻胀敏感性评价
碎石类土	块石类土、碎石类土、砾石类土	≤5	不敏感
		5～15	弱敏感
		15～30	敏感
		>30	强敏感
砂类土	粗砂、中砂、细砂	≤5	不敏感
		5～15	弱敏感
		>15	敏感
	粉砂	—	敏感
细粒土	低液限粉土、低液限黏土($w_L = 40$)		强敏感

在一级分类的基础上,结合中国各地季节性冻土最大冻深(h)表,与中国季节性冻土标准冻深线图,计算冻胀高度:

$$\Delta h = \eta h \tag{6-1}$$

求得冻胀高度后,基于文献[136、137]研究成果,在冻胀性评价一级分类的基础上进行二级分类,见表6-4。

填料的冻胀敏感性一级、二级评价标准　　　　　表6-4

土的类别		一级分类		二级分类	
	土名	细粒含量等(%)	冻胀敏感性	冻胀高度(mm)	冻胀等级
碎石类土	块石类土、碎石类土、砾石类土	≤5	不敏感	—	无
		5~15	弱敏感	≤4	Ⅰ级
		15~30	敏感	≤4	Ⅰ级
				5~24	Ⅱ级
		>30	强敏感	≤4	Ⅰ级
				5~24	Ⅱ级
				25~50	Ⅲ级
砂类土	粗砂、中砂	≤5	不敏感	—	无
		5~15	弱敏感	≤4	Ⅰ级
		>15	敏感	≤4	Ⅰ级
				5~24	Ⅱ级
	细砂	≤5	不敏感	—	无
		5~15	敏感	≤4	Ⅰ级
				5~24	Ⅱ级
	粉砂	—	敏感	≤4	Ⅰ级
				5~24	Ⅱ级
				25~50	Ⅲ级
细粒土	低液限粉土、低液限黏土(w_L=40)		强敏感	≤4	Ⅰ级
				5~24	Ⅱ级
				25~50	Ⅲ级
				>50	Ⅳ级

评价方案说明:

(1)原评价方案为二级冻胀评价方案,第一级为填料冻胀敏感性分类,便于在勘察设计阶段时,路基填料的选择;第二级给出可能出现的强度范围,可求得冻胀高度,查表可得具体冻胀分级。

(2)选用冻胀高度 Δh 为评价指标,原因如下:

①对于养修部门来说,能直观评价线路质量、病害等级、维修垫板厚度,便于轨道检查车评定线路等级。

②高速铁路对路基的平顺度要求远高于一般铁路,控制路基冻胀高度可直接满足运营安全性和乘坐舒适度要求。

③国内水利、交通等部门提出的"季节性冻土分类"中,对于中砂以上(少数括粉砂和细

砂)的粗粒土,当细粒含量≤15%时,η≤1 为不冻胀土,但 η≤1 的土,不等于不冻胀,如当冻结深度为 1.0m 时,冻胀量可达到 10mm,这在铁路上是不允许的,尤其对于高速铁路路基。

(3)原方案将细粒含量>30%的块石类土、碎石类土、砾石类土专门划分开来,认为在这类土中,当细颗粒含量超过 30%时,粗颗粒基本不起骨架作用,冻胀主要由细粒土起作用,故按照细粒土进行分类。细粒土的冻胀分类,按照《铁路路基设计规范》(TB 10001—2016)中的塑性图,以液限 w_l≤40%,塑性指数 I_p≤10,将土分为低液限土和高液限土,低液限土采用 C 类填料,而高液限土作为填料不予考虑。

(4)既有冻土区现场调查结果表面,在土体冻胀过程中无地下水补给时,其冻胀量在 30~50mm 范围内,极少有大于 50mm 的。故本方案冻胀等级超过 50mm 不再进行划分。

6.3 微冻胀填料冻胀性评价方法建议与试验方法

根据表 6-2 规定,对于普通铁路,路基冻胀高度不超过 4mm 时,可以不作为路基病害。高速铁路的实际冻胀情况,以哈大高速铁路为例,全线路基 903km,其中冻胀高度≤4mm 的约占 61%,4~10mm 约占 33%,≥10mm 约占 6%。个别冻胀较大的地段,往往与填料的细粒含量、降水下渗及横向疏排水以及地下水的影响等密切相关。对于路基冻胀变形导致的线路不平顺,轨道结构维护以撤垫调低和相邻段平顺垫高等方式。由于冻胀发生位置和量值具有一定重复性,为保证冬季作业的效率往往采取入冬前预垫,冻胀后撤垫的方式。哈大高速铁路的维护实践证明,对于冻胀不超过 4mm 的情况,可以将线路平顺性调整到能够同时兼顾冬夏季节的动态平顺状态,即以符合轨道管理标准的"正""负"偏差实现自动动态平衡。按照监测分析数据设定后几乎不再需要随季节进行调整,能够有效保证线路的平顺性,并大大降低维护工作量和维护成本。

针对高速铁路,如果以路基冻胀高度不超过 4mm 为目标,对于不同冻深就需要控制不同冻胀程度的微冻胀填料。根据季节性冻土的深度范围,并兼顾目前高速铁路路基基床的结构尺寸,将冻深划分为表 6-5 的不同深度,进一步得到对应的微冻胀填料的冻胀率要求,以此作为高速铁路微冻胀填料的等级划分。由于微冻胀填料的冻胀率较小,实际试验需要更高的精度,可以采用颗粒分析和相关试验,根据试验或分类获得其中填充料的冻胀率,依据式(5-72)计算微冻胀混合料的冻胀率,以此确定填料的冻胀等级。

微冻胀填料冻胀等级划分方案表　　　　表 6-5

冻胀等级	1	2	3	4	5	6
定性描述	极强微冻胀	强微冻胀	中上微冻胀	中下微冻胀	弱微冻胀	弱微冻胀
基床冻深(m)	0.4	0.7	1.5	2	2.5	3
定量描述[η(%)]	0.57~1	0.27~0.57	0.2~0.27	0.16~0.2	0.13~0.16	<0.13

而已有的铁路路基填料冻胀分类方案中仅考虑了细颗粒含量和冻前含水率,涉及的影响因素少,采用微冻胀填料冻胀变形分析模型进行分类,所考虑了填充料膨胀率、填充料含量、冻前含水率、混合料密度、填料骨架颗粒密度、微冻胀填料初始填充率、填料相对密度、水的密度、上部荷载以及填充料内摩擦角和黏聚力多个指标,与既有的冻胀评价(分类)方案相比,考虑因素系统且全面。

根据细粒含量确定填料是否进行深入研究,然后根据前文填料组成等分析,采用以填料中粒径 2mm 以下的填充料的单独做冻胀试验,再结合前文粗粒骨架的孔隙及充填状态,按所推导的微冻胀填料冻胀计算公式分析计算微冻胀填料的冻胀性。

6.4 本章小结

(1)以填料中粒径 2mm 以下的填充料的冻胀试验为基础,综合粗粒骨架的孔隙及充填状态,按所推导的微冻胀填料冻胀计算公式分析计算微冻胀填料的冻胀性。

(2)结合高速铁路路基结构及冻胀变形要求,将传统意义的"不冻胀"填料,其冻胀率分为 6 个等级,即极强微冻胀($0.57 < \eta < 1$)、强微冻胀($0.27 < \eta < 0.57$)、中上微冻胀($0.2 < \eta < 0.27$)、中下微冻胀($0.16 < \eta < 0.2$)、弱微冻胀($0.13 < \eta < 0.16$)以及极弱微冻胀($\eta < 0.13$)。

(3)建立了微冻胀填料冻胀敏感性分析评价方法。通过填充料冻胀试验以及填料基本物理力学试验,采用微冻胀填料冻胀计算公式 $\eta_{混} = \eta(N, \varphi, C, \alpha, \beta_0, d_s, \rho_w, w, \rho_{混}, \theta, G_{骨架})$ 计算其冻胀率,进而判断该填料的冻胀性。对高速铁路路基冻胀性进行评价。

(4)采用微冻胀填料冻胀变形分析模型建立的填料冻胀评价建议,考虑了填充料含量、冻前含水率、微冻胀填料密度、微冻胀填料骨架密度、微冻胀填料初始填充率、外荷载以及填充料黏聚力和内摩擦角等综合指标。

第 7 章

工程案例及应用效果

7.1 路基冻胀控制技术难点及设计原则

在我国,不管是西北、华北还是东北的冻土地区,既有铁路路基的冻害现象普遍存在。根据中国铁路青藏集团有限公司的统计数据,2019年严重冻害(冻起高度大于50mm)的路段数量为32处;沈阳铁路局2010—2022年季节冻土路基病害平均每年25处左右,线路累计长度约45km。因寒冷引起的路基冻害而导致的线路维护工作量十分繁重,并对安全行车造成严重影响。

由于高速铁路运行速度快、技术标准高,对路基的变形要求严格。因此,冻土地区的高速铁路路基建设,在防冻胀理论、技术标准、设计原则、建设管理等方面均面临严峻挑战。尤其是严寒潮湿的东北地区,冻胀敏感性土分布广泛,入冬前降雨量普遍较高,地下水丰富,在冬季低温作用下的冻胀现象更加普遍和严重。铁路作为长距离运输的带状工程,沿线往往穿越多个不同的冻土区域,冻结深度差异较大,工程地质条件与水文地质条件也千差万别,路基的结构形式也不尽相同,这些因素直接导致了线路冻胀变形的复杂性和时空不确定性。特别是对于无砟轨道高速铁路,因其对变形极其敏感,路基的防冻胀问题成为技术关键,也是技术难点。

7.1.1 路基冻胀控制技术难点

哈大(哈尔滨至大连)高速铁路是我国在高纬度严寒地区自主设计、建造的第一条无砟轨道高速铁路,始建于2007年。当时,世界范围内已建成通车的高速铁路仅有日本新干线、法国TGV、德国ICE以及韩国KTX,国内高速铁路还处于建设初期。为此,在我国东北严寒地区这样一种特殊工程环境条件下,建造对变形极为敏感的高速铁路轨道,面临巨大的技术挑战。

1)无砟轨道路基冻胀控制技术尚未建立

2004年,我国《中长期铁路网规划》经国务院审议通过,拟建北京—沈阳—哈尔滨(大连)客运专线,当时高速铁路设计依据仅有《京沪高速铁路设计暂行规定》(2005年,中国铁道出版社),2007年铁道部颁布《新建时速300~350公里客运专线铁路设计暂行规定》。对于在严寒季节冻土区域开展哈大高速铁路建设,路基的防冻胀控制设计技术,存在以下几个方面问题:

(1)路基土的冻胀敏感性判定标准能否适应无砟轨道路基变形控制要求存在不确定性。《铁路特殊路基设计规范》(TB 10035—2008)❶中对路基土的冻胀敏感性判定,仍将冻胀率小于或等于1%的土定义为不冻胀土。对于毫米级变形控制标准的高速铁路无砟轨道路基是否适用,尚需实践验证。

(2)无砟轨道路基冻胀变形限值尚没有规定。而高速铁路设计规范的技术标准中,无砟

---

❶ 现行标准为《铁路特殊路基设计规范》(TB 10035—2018)。

轨道路基的沉降标准限值的允许值有明确规定,但对路基冻胀变形限值尚未开展相关研究。

(3)路基冻胀变形劣化无砟轨道平顺性关系不明。路基冻胀变形与无砟轨道平顺性的映射关系复杂,针对无砟轨道的冻胀和冻害无清晰的界定标准,缺乏相关理论支持。以哈大高速铁路为例,初期的路基冻胀变形在0~10mm的测点占总测点的72.9%,然而,根据动态轨检车数据统计可知,因冻胀引起的线路不平顺性区段仅占路基总长的5%左右。虽然路基在冬季普遍发生不同程度的冻胀变形,但并未全部转化为影响轨道平顺性的冻害现象。制定冻害标准时,采用绝对冻胀量、行车速度和长短波等因素的相对指标,或二者结合进行冻害判定,还未建立相应的冻胀变形分类和冻害分级技术体系。

2)缺乏严寒地区建造无砟轨道路基的工程经验

(1)设计技术方面。我国在建设严寒地区的哈大高速铁路时,缺乏可供参考的类似工程,设计时在现行技术标准的基础上采取了加强措施,但对于是否合理及能否满足高速铁路要求无法准确预判。

(2)施工管理方面。缺乏严寒冻土地区高速铁路无砟轨道工程建造经验,对影响路基冻胀变形的填料中细颗粒含量控制、路基防排水措施精细化施工等问题重视不足,施工过程中把控不严,甚至出现较大偏差。

由于当时缺乏在严寒地区建设无砟轨道高速铁路的技术标准和工程经验,哈大高速铁路建设过程中,通过技术攻关和工程试验,进行了系统总结,形成了技术标准和工艺工法,纳入了相关规范。

7.1.2 路基防冻胀设计原则

基于路基发生冻胀变形的温度、土质、水三个要素,采用了封排相结合的防冻胀设计原则,提出了如图7-1所示的防冻胀变形标准断面设计。

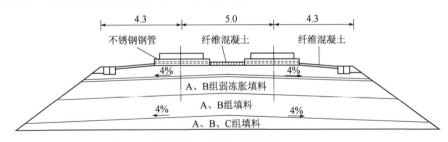

图7-1 路基防冻胀设计标准横断面图(尺寸单位:m)

(1)路基表面设置防水层,防止地表水渗入。无砟轨道底板或支撑层的外缘采用现浇C25纤维混凝土密封防水,厚度为60~100mm,至电缆沟肩。纤维混凝土伸缩缝和其他预埋设备(如接触网基础)与无砟轨道底板或承力层、电缆槽和路基面的接缝应采用热沥青砂浆浇筑。无砟轨道混凝土底板或承力层之间的伸缩缝应用聚乙烯泡沫塑料板填充,上部用沥青油膏或聚氨酯密封,如图7-2所示。

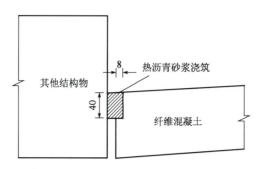

图 7-2　纤维混凝土接缝处量(尺寸单位：mm)

(2)路基防冻层填筑控制细颗粒含量的粗粒土是通过控制细颗粒含量提高粗粒土的抗冻胀性能。冻结深度范围内路基,均应采用严格控制细颗粒含量的粗颗粒填料填筑。

(3)布设完善的路基排水系统

依据不同情况,布设排水侧沟、渗管或渗水暗沟等路基排水设施,降低路基冻结土层含水率及地下水位。

7.2　哈大高速铁路路基防冻胀设计

7.2.1　工程概况

哈大高速铁路正线全长 903.945km,设计速度 350km/h,南起大连,经辽宁省的营口、鞍山、辽阳、沈阳、铁岭,吉林省的四平、长春,终至黑龙江省会哈尔滨。线路跨越东北三省,全线共设置 23 个车站。桥梁总长 662.765km,隧道总长 9.929km,路基 231.25km,无砟轨道路基 181.97km(其中路堤 111.95km,路堑 70.02km)。

东北地区是我国季节冻土分布的主要区域,根据中国冻土的分布情况和地形、气候、地质等自然环境对铁路路基的影响,将东北地区分为东北多年冻土区和东北干润季节冻土区(共七个亚区)两个冻土大区。然而哈大高速铁路大连到大石桥段处于东北东部山地区,大石桥到公主岭段处于辽河平原区,公主岭到哈尔滨段处于松嫩平原区。

哈大高速铁路沿线气候严寒,极端最低温度为 -39.9℃,沿线土壤最大冻结深度在 0.93~2.05m,每年均从 10 月开始冻结,第二年 4—5 月全部融化,历时 6~7 个月。

7.2.2　路基防冻胀结构

1)路堤

基床表层填筑 0.55m 厚级配碎石,以下依次为 0.05m 厚中粗砂、2.1m 厚 A、B 组填料,其中,防冻胀设计范围基床底层采用弱冻胀 A、B 组填料。基床以下路堤填筑 A、B、C 组粗颗粒填料;在 0.05m 厚的中粗砂底部铺设一层不透水的两布一膜土工合成材料。

2）低路堤和路堑

(1)弱风化~微风化硬质岩路堑。采用图 7-3 所示的路堤式路堑形式,堑内堤高 0.7m,路基面超挖部分用 C20 混凝土找平,轨道结构外侧设置 4% 横向排水坡。路基面防水层要求同路堤地段。

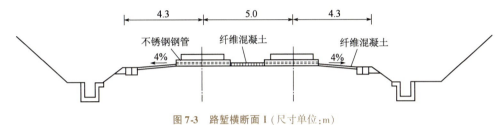

图 7-3　路堑横断面 I（尺寸单位:m)

(2)弱风化及微风化泥灰岩和强风化硬质岩路堑。采用如图 7-4 所示路堤式路堑形式,堑内堤高 0.7m,基床表层换填 0.55m 厚级配碎石,底部设 4% 排水坡。

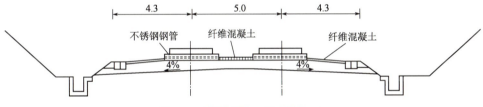

图 7-4　路堑横断面 II（尺寸单位:m)

(3)强风化泥灰岩和弱风化及微风化泥岩、页岩、泥质砂岩、千枚岩路堑。采用如图 7-5 所示的路堑形式,堑内堤高 0.7m,基床表层换填 0.55m 厚级配碎石,向下依次为 0.05m 厚中粗砂、1.3m 厚 A、B 组填料。而冻深影响范围内填筑非冻胀 A、B 组填料,并在中粗砂底部铺设一层不透水的两布一膜土工合成材料。换填层底部铺设一层复合土工排水网,两侧设置渗水盲管。

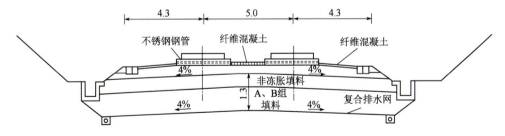

图 7-5　路堑横断面 III（尺寸单位:m)

(4)土质、全风化软质岩及硬质岩路堑。采用如图 7-6 所示的路堤式路堑形式,堑内堤高 0.7m,基床表层换填 0.55m 厚级配碎石,接下来依次为 0.05m 厚中粗砂、2.1m 厚 A、B 组填料。而冻深影响范围内填筑非冻胀 A、B 组土,并在中粗砂底部铺设一层不透水的两布一膜土工合成材料。换填层底部铺设一层复合排水网,两侧设置渗水盲管。

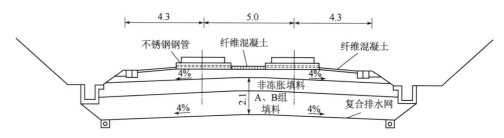

图 7-6　路堑横断面 Ⅳ（尺寸单位：m）

(5) 地下水位较高路堑。地下水位较高路堑地段，两侧的侧沟平台下设渗沟。采取路堤式路堑，土质、全风化软质岩及硬质岩地段，堑内堤高 1.4m，如图 7-7 所示；其他地段堤高 0.7m，如图 7-8 所示。基床换填原则与地下水位较低地段相同。

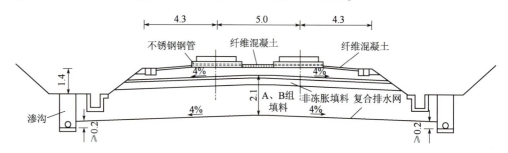

图 7-7　路堑横断面 Ⅴ（尺寸单位：m）

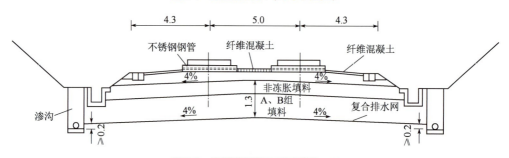

图 7-8　路堑横断面 Ⅵ（尺寸单位：m）

3）路基过渡段

(1) 路桥过渡段

路堤与桥台过渡段，采用图 7-9 所示的倒梯形过渡形式，底宽不小于 5m，长度不小于 20m，分层填筑掺加 5%（质量比）的 P·O 32.5 级普通硅酸盐水泥处置的级配碎石。

路堑与桥台过渡段。当桥台靠近土质和软质岩及强风化硬质岩路堑时，设长度大于 20m 的刚性过渡段，如图 7-10 所示。路基采用掺 5%（质量比）水泥处置的级配碎石填筑，厚度自桥台至路堑由 2.7m 过渡到基床表层的 0.4m，该范围内压实标准同基床表层，基坑边坡开挖成底宽 0.6m 左右的台阶，桥台基础顶面以下回填混凝土。

当桥台伸入弱~微风化硬质岩路堑时，设置长度不小于 20m 的刚性过渡段，如图 7-11 所示。路基采用掺 5%（质量比）水泥处置的级配碎石填筑，厚度自桥台至路堑由 2.7m 过渡到

0.4m,该范围内压实标准同基床表层,基坑边坡开挖成底宽 0.6m 左右的台阶,桥台基础顶面以下回填混凝土。

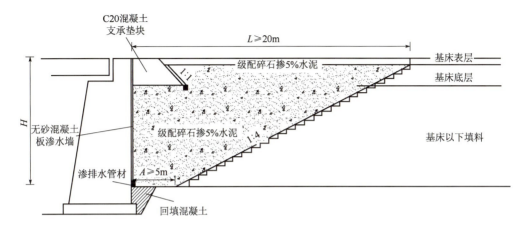

图 7-9　路堤与桥台过渡段

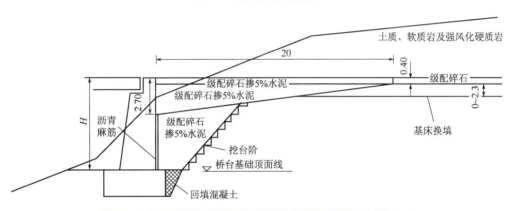

图 7-10　土质和软质岩及强风化硬质岩路堑与桥台过渡段(尺寸单位:m)

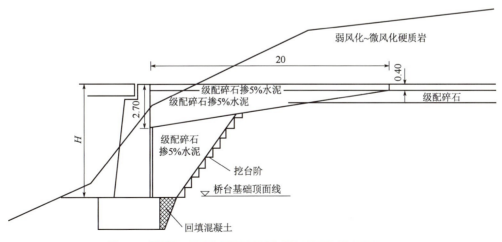

图 7-11　弱风化~微风化硬质岩路堑与桥台过渡段(尺寸单位:m)

(2)路堤与横向结构物过渡段

采用倒梯形过渡段形式,底宽 2m,长度大于 20m,过渡段分层填筑掺入 5%(质量比)P·O 32.5 级普通硅酸盐水泥的级配碎石。其中,结构物顶填土高度大于或等于 2m 时,于结构物顶部及两侧各 2m 范围填筑 1.5m 厚的掺 5%(质量比)水泥处置的级配碎石,如图 7-12 所示;结构物顶填土高度小于 2m 时,横向结构物顶面至基床表层范围内填筑掺入 5%(质量比)水泥处置的级配碎石,如图 7-13 所示。

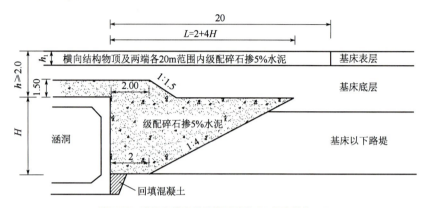

图 7-12 路堤与横向结构物过渡段 I(尺寸单位:m)

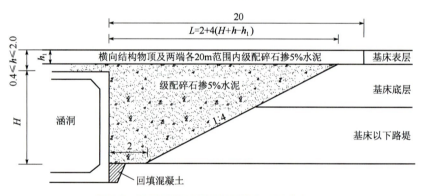

图 7-13 路堤与横向结构物过渡段 II(尺寸单位:m)

(3)路堤与路堑过渡段

路堤与路堑结合部为弱风化~微风化硬质岩石地段,如图 7-14 所示,于路堑一侧顺原地面纵向开挖台阶,台阶高度约为 0.6m,在路堤一侧 20m 至路堑一侧大于 5m 范围内,基床表层的级配碎石采用掺入 5%(质量比)的 P·O 32.5 级普通硅酸盐水泥进行填筑。基床表层以下过渡段正梯形范围内采用掺 5%(质量比)P·O 32.5 级普通硅酸盐水泥处置的级配碎石分层填筑。

路堤与路堑连接处为土质、软质岩石及强风化硬质岩石地段,如图 7-15 所示,过渡段应顺原地面纵向开挖形成 1:2 的坡面,台阶高度约 0.6m,然后与相连路堤一同填筑。

(4)路基与隧道过渡段

路堑与隧道相连,且路堑基床不换填时,可不设过渡段;路堑基床需换填时,过渡段设置方式如图 7-16 所示,过渡段设置长度大于 20m,过渡段基床表层采用掺 5%(质量比)P·O 32.5 级普通硅酸盐水泥的级配碎石填筑,并满足基床表层的压实标准。过渡段倒梯形范围内采用掺 5%(质量比)P·O 32.5 级普通硅酸盐水泥处置的级配碎石填筑。

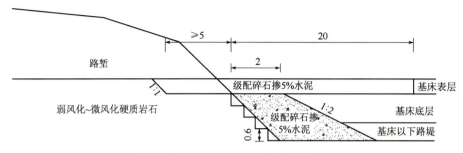

图 7-14 路堤与路堑过渡段 I(尺寸单位:m)

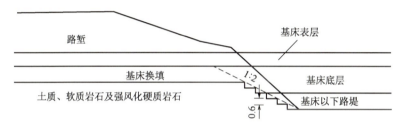

图 7-15 路堤与路堑过渡段 II(尺寸单位:m)

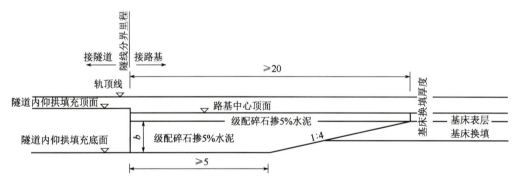

图 7-16 路基与隧道过渡段(尺寸单位:m)

注:b 值不小于路堑基床的换填厚度,且不小于路基中心顶面至隧道抑供填充底面的厚度。

7.2.3 路基冻胀控制动态设计

1)增设渗水盲沟

(1)基本原则

在路基防冻胀的原设计基础上确定是否布设渗水盲沟,综合考虑下列因素:路堑段处的地形地貌有益于向路堑内汇水;路堑基床基底为粉质黏土、黏质黄土、风化的泥岩夹砂岩、泥灰岩等隔水底板性质地层;路基冻胀量较大路段;路堑内线路纵坡与天然地形坡度相反;补充勘探中发现基床内富水路段;路堑内存在路桥、路涵过渡段可能阻挡路堑基床内水纵向流动的路段。

(2)设置方式

渗水盲沟布置于路堑两侧的侧沟下部,宽度1.2m,渗沟埋深2m,最大季节冻深×1.3+0.5m,渗沟顶部铺设一层0.1m厚XPS保温板,如图7-17所示。

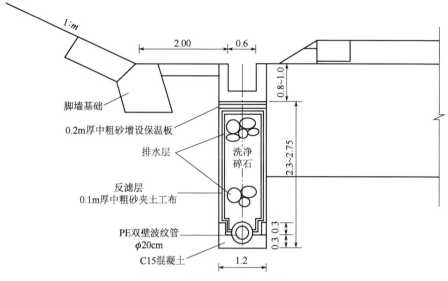

图7-17 渗水盲沟设置(尺寸单位:m)

渗水盲沟的沟底纵坡原则上同线路纵坡,一般不小于5‰。困难地段不小于2‰。渗水盲沟每隔30m及排水路线起终点、转折处均设置检查井。渗水盲沟或与原设计渗水盲沟连接或共用出水口。渗水盲沟出水口采取防冻设计,出水口处检查井加深2m,如图7-18、图7-19所示。

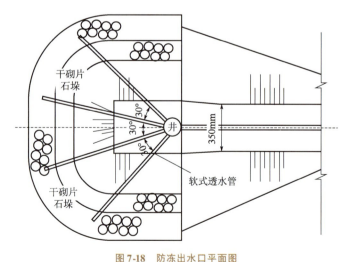

图7-18 防冻出水口平面图

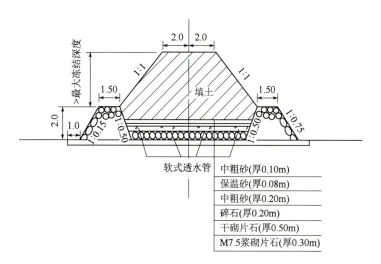

图 7-19　防冻出水口剖面图(尺寸单位:m)

2)路基面防水层封堵修复

对路基面纤维混凝土防水层横向伸缩缝、防水层与无砟轨道底座板或支承层间纵向缝进行封堵修复。其中,纤维混凝土防水层横向伸缩缝宽 20mm,缝内设 14mm 厚密封胶,下设直径 22mm 聚乙烯棒为背衬材料,背衬材料以下采用厚 20mm 的聚乙烯板填缝,如图 7-20 所示;防水层与无砟轨道底座板或支承层间纵向缝的封堵修复相同,如图 7-21 所示。

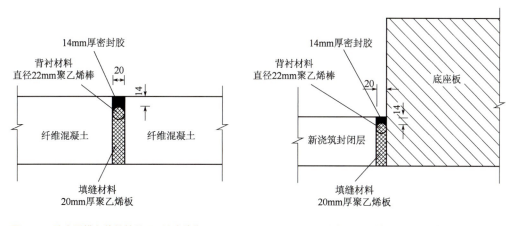

图 7-20　防水层横向伸缩缝处理(尺寸单位:mm)　　图 7-21　防水层纵向缝处理(尺寸单位:mm)

3)加强路基防排水

为改善路基冻结层的防排水效果,有效防治路基冻胀,针对路基基床表层的防排水,主要采取以下措施。

(1)对路基面各种结构缝堵缝材料,由于老化及收缩出现开裂问题,及时按要求进行处理,防止和减少表水下渗。

(2)对路基护肩位置电缆槽外侧泄水孔未按标准设置或孔口堵塞,进行疏通。

(3)对无砟轨道线间排水孔淤堵进行清理,确保排水畅通。

(4)对路基面混凝土防水层裂纹,按现有规范及工艺要求采用聚氨酯材料进行修复。

7.2.4 路基冻胀变形观测

为了掌握哈大高速铁路路基冻胀变形分布和发展规律,在建设和运营期间,采取了多种观测方式对路基冻胀变形进行了观测,掌握了路基冻胀变形状态的时空变化规律,对线路运营维护提供了基础数据,确保了哈大高速铁路的运营安全和运输秩序。

1)人工水准测量

哈大高速铁路路基冻胀变形人工水准测量工作主要包括以下工作:

(1)建立线上高程监测基准网,线下精密水准网基准。采用水准联测或三角高程方式将水准基点引测至线上,为路基冻胀变形监测的基准网。

(2)CPⅢ点水准贯通测量。按照国家二等水准测量的要求,对路基段所有单号CPⅢ点(含桥头各一对CPⅢ点)进行二等水准贯通测量,将其作为后续路基断面冻胀变形监测的基准网点。

(3)路基断面冻胀变形测量。参照垂直位移监测三等水准测量的技术要求,对路基冻胀监测断面的监测点进行测量,路基断面监测点由左右路肩观测桩和对应位置左右线无砟轨道凸型挡台观测标组成,每个断面共4个监测点。

(4)建立变形监测数据库,针对监测数据进行分析、评估,指导运营维护。

2012—2014年,每年的11月初、12月末、次年1月下旬、4月中下旬对哈大高速铁路路基进行了4期人工水准观测工作。大量的人工观测数据对路基冻胀变形分布、路基冻胀规律演化、指导运营部门线路维护工作等均发挥了积极作用。

2)自动变形观测

哈大高速铁路沿线共布设了42个典型观测断面,分布于全线13个区间段,包含了哈大高速铁路沿线路基重点冻胀区段,自动监测断面传感器设置如图7-22所示。观测项目包含基床不同层位冻胀、基床填料含水率和路基温度场等。观测部位包含基床路肩、线间和盲沟等位置。

3)冻胀变形观测数据

2012—2013年、2013—2014年两个冻结期的观测数据见表7-1。可知,哈大高速铁路在采取了一系列"上封下疏"的冻胀控制措施后,全线路基冻胀变形状态趋于稳定,冻胀量大于8mm的仅占10%,绝大部分处于较低水平,处于可控状态,轨道几何形位保持良好,运营安全得到保证。

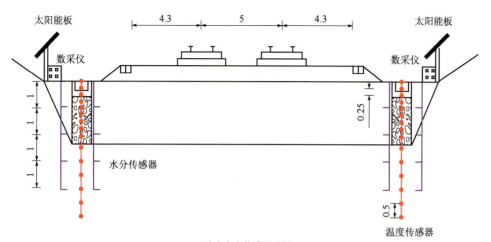

a) 渗水盲沟传感器设置

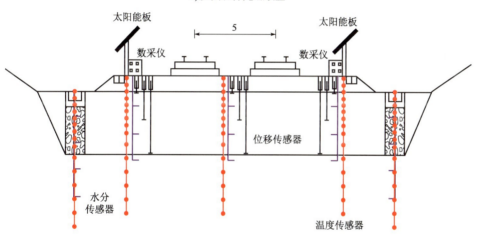

b) 基床传感器设置

图 7-22 自动监测断面传感器设置 (尺寸单位: m)

哈大高速铁路路基冻胀变形统计表　　表 7-1

序号	区段	冻胀值 (mm)	路基结构	2012—2013 年					2013—2014 年			
				凸台测点	第 1~2 周期数据		第 1~3 周期数据		凸台测点	第 1~2 周期数据		第 1~3 周期数据	
					数量	比例 (%)	数量	比例 (%)		数量	比例 (%)	数量	比例 (%)
1	全线	<4	全部	9641	5863	60.81	5888	61.07	4771	2731	57.24	2875	60.26
2		4~6			1869	19.39	1654	17.16		908	19.03	831	17.42
3		6~8			925	9.59	970	10.06		535	11.21	484	10.14
4		8~10			519	5.38	530	5.50		340	7.13	266	5.58
5		10~12			253	2.62	296	3.07		152	3.19	158	3.31
6		>12			212	2.20	303	3.14		105	2.20	157	3.29

续上表

序号	区段	冻胀值(mm)	路基结构	2012—2013 年					2013—2014 年				
				凸台测点	第1~2周期数据		第1~3周期数据		凸台测点	第1~2周期数据		第1~3周期数据	
					数量	比例(%)	数量	比例(%)		数量	比例(%)	数量	比例(%)
7	全线	<4	路堤	3128	1423	45.49	1425	45.56	1649	829	50.27	946	57.37
8		4~6			792	25.32	721	23.05		359	21.77	298	18.07
9		6~8			405	12.95	473	15.12		224	13.58	193	11.70
10		8~10			258	8.25	235	7.51		146	8.85	105	6.37
11		10~12			137	4.38	137	4.38		55	3.34	67	4.06
12		>12			113	3.61	137	4.38		36	2.18	40	2.43
13	全线	<4	路堑	2112	1230	58.24	1249	59.14	1132	504	44.52	558	49.29
14		4~6			413	19.55	312	14.77		219	19.35	189	16.70
15		6~8			211	9.99	200	9.47		150	13.25	127	11.22
16		8~10			119	5.63	130	6.16		126	11.13	95	8.39
17		10~12			61	2.89	87	4.12		72	6.36	59	5.21
18		>12			78	3.69	134	6.34		61	5.39	104	9.19
19		<4	过渡段	4401	3210	72.94	3214	73.03	1990	1398	70.25	1371	68.89
20		4~6			664	15.09	621	14.11		330	16.58	344	17.29
21		6~8			309	7.02	297	6.75		161	8.09	164	8.24
22		8~10			142	3.23	165	3.75		68	3.42	66	3.32
23		10~12			55	1.25	72	1.64		25	1.26	32	1.61
24		>12			21	0.48	32	0.73		8	0.40	13	0.65

7.3 哈齐高速铁路路基防冻胀设计

7.3.1 工程概况

哈齐(哈尔滨至齐齐哈尔)高速铁路全长280.879km。其中,桥梁30座、总长173.579km,占线路全长的61.8%;路基31段长107.3km,占线路全长38.2%。正线采用CRTS I型板式无砟轨道,最高设计速度250km/h。

哈齐高速铁路地处松花江流域的松嫩冲积平原区,地势平坦,地下水较丰富,线路东起黑龙江省哈尔滨市,西经肇东市、安达市、大庆市、杜尔伯特蒙古自治县到齐齐哈尔市。沿线经过龙凤湿地(DK139+264~DK144+380)和扎龙湿地(DK221+940~DK253+420)两大国家湿地自然保护区,主要河流有松花江、嫩江和一些小支流。地下水类型以第四系孔隙水为主,局部为基岩裂隙水和承压水。由于地形高度和地层岩性的不同,埋藏条件变化很大,深度为0~16307m,主要含水层为砂土和砾石土,主要由大气降水和地表水补给,水位变化范围为10~30m。

1)气象条件与冻结深度

沿线大部分地区属于温带亚湿润至亚干旱大陆性季风气候区,冬季寒冷干燥,夏季多雨凉爽,春秋两季干燥多风。蒸发很强,持续时间很长,蒸发量大约是降水量的3倍。沿线最冷月平均气温在-15℃以下,属严寒地区,年平均气温3~5℃,极端最高气温38.7~40.8℃,极端最低气温-13.93~-36.8℃,年平均降雨量418.1~537.5mm,年均蒸发量1411.2~1826.3mm,平均相对湿度59%~64%,年平均风速29~40m/s,最大风速21.7~24.7m/s,最大积雪厚度130~240mm,最大季节冻土深度1.89~2.72m。土壤最大设计冻结深度见表7-2。

主要气象要素　　　　表7-2

城市	最低月平均气温(℃)	最大冻结深度(m)	气候分区
哈尔滨	-24	2.05	严寒地区
肇东	-27	1.89	
大庆	-26	2.14	
泰康	-27.3	2.72	
齐齐哈尔	-23.8	2.09	

2)工程地质与水文地质

(1)工程地质条件

①地质构造。线路经过区地质构造属于新华夏系第二沉降带,构造单元依次为松嫩平原沉降带、松辽盆地中央凹陷区和西部斜坡区。主要构造线位于东北和东北方向。自白垩纪以来,沉积了厚厚的碎屑岩和松散的沉积物,其特征是地形平坦,只有轻微的局部起伏。

②地层岩性。主要地层为第四纪和第三纪地层。其中,第四纪地层可分为全新世人工堆积层、全新世新近沉积层(湖泊和沼泽沉积层)、上更新世冰水冲积层、中更新世湖泊堆积层、下更新世冰水冰川层;第三系主要为上第三系太康组。

③不良地质。龙凤湿地自然保护区分布有湖泊和沼泽沉积层,主要由黏土、粉土、粉质黏土、淤泥质土、软黏土和砂土组成,主要颜色为黄棕色、灰棕色和黑绿色,厚度为0.3~10m。局部地区全年有水,一般深度0.5~2.5m,沿线的特殊岩土主要为软土、松散土和盐渍土。

(2)水文地质条件

沿线第四系松散堆积层中大量蕴藏第四系孔隙潜水,所以地下水丰富,埋深1.0~4.8m,主要由大气降水补给,以蒸发方式排泄,水位变幅1.0~3.0m。地下水对混凝土有硫酸盐侵蚀性,环境作用等级为H1。经取钻孔水样化验,对处于氯盐环境中的混凝土结构具有氯盐腐蚀性,环境作用等级为 L1。

7.3.2 路基防冻胀设计

路基主要结构类型为松软土及软土路基长 90.58km(含浸水路堤长 12.29km),占全线路基长度的 84.4%。其中,小于 2.7m 填高的低路基长 40.86km,占全线路基长度的 38.1%,低路基中设置混凝土基床的路段长 23.2km,占低路基长度的 56.8%。

线路处于严寒地区,路基防冻胀设计大都采用限制路堤最小高度、改善路基填料或基床结构、布设隔水层及防冻胀护道、加强地表水及地下水的排除等。

1)基床结构设计

(1)路堤最小高度

路堤高度基本按不小于冻结深度 +0.5m 布设;常年积水地段路基面位于常水位以上,大于冻结深度 +0.5m。

(2)路基防冻胀填料

无砟轨道基床表层用级配碎石填充,厚度为 0.4m,细颗粒含量(<0.075mm)不大于 5%,0.02mm 以下的颗粒含量不应超过 3%。基床底层采用 A、B 组填料填筑,厚度 2.3m,冻结深度 +0.25m 范围内,细颗粒含量应小于 5%(压实后小于 7%),压实后渗透系数不应小于 5×10^{-5} m/s。粒径小于 0.5mm 的细颗粒液限不应超过 25%,塑性指数应小于 6。不得含有黏土或其他杂质。加强路基填料中细颗粒物的控制,采用水洗法测定细颗粒物。用 A 组、B 组或 C 组碎石和砾石填料填充路堤。

(3)混凝土基床设计

哈齐高速铁路对于路基面以下冻结深度范围内无自然排水条件的地段均设置了混凝土基床,厚度为最大冻结深度 +0.25m。混凝土基床每隔 20m 设置一道伸缩缝,缝内填塞木丝板并设置传力杆钢筋。混凝土基床与相邻填料基床间设置过渡段,过渡段长 20m,填筑掺 3% 水泥处置的级配碎石。横断面方向混凝土基床表面自路基中心至无砟轨道底座板外边缘设 2% 排水坡,自底座板外边缘至线路外侧设 4% 排水坡,如图 7-23 所示。基床两侧路基面采用纤维混凝土封层,厚度不小于 80mm,每 20m 设置一道伸缩缝,与混凝土基床伸缩缝错缝布置。

哈齐高速铁路在冻深范围以下无自然排水条件的区间设置混凝土基床,最大冻深 +0.25m,混凝土基床每隔 20m 布设一道伸缩缝,缝内用木线丝板填充,并用传动杆加固。混凝土基础与相邻填土基础之间设置一个过渡段,长度为 20m,用 3% 水泥处理的级配碎石填筑。混凝土基础表面从路基中心到无砟轨道底板外缘的横截面方向设置 2% 的排水坡,从底板外缘到轨道外侧设置 4% 的排水坡(图 7-23)。路基两侧路面采用纤维混凝土密封,厚度不小于 80mm,每 20m 设置一道伸缩缝,与混凝土路基伸缩缝交错布置。

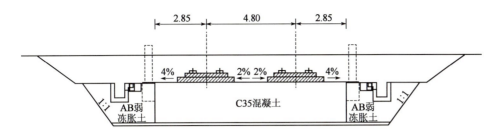

图 7-23 混凝土基床标准断面示意图(尺寸单位:m)

(4)保温护道设计

路堤坡脚两侧布设保温护道,护道宽度大于 2.5m,护道顶面低于基床表层底面,护道内设置 0.3m 厚渗水土排水层,如图 7-24 所示。

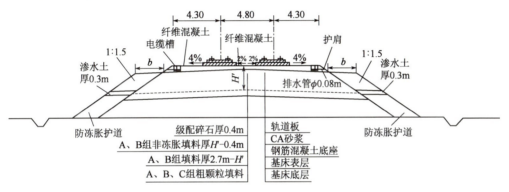

图 7-24 保温护道标准断面示意图(尺寸单位:m)

b-护道宽度

2)路基面防排水设计

(1)一般路堤地段

基床表层路肩处布设 0.08m 厚纤维混凝土封水层,两侧底座板边缘至路肩为向外 4% 排水坡,双线之间做成向内 4% 排水坡;无砟轨道路基地段线间排水在底座板间布设横向排水通道方式。

依据汇水面积计算,底座板每隔一定距离将伸缩缝加宽至 100mm,为横向排水通道,将对应位置的圆形凸台调整为两个半圆形凸台。排水通道处的底座板下布设钢筋混凝土 搭板。搭板沿线路纵向长 2m,横向与底座板等宽,搭板表面布设 2% 的横向排水坡,如图 7-25 ~ 图 7-28所示。

线间封闭层顶面设置大于 2% 。纵坡,将线间水引至排水通道处;在排水通道下坡位置处的底座板之间布设横向混凝土挡水台,因此线间水通过横向排水通道排出。

(2)低路堤地段

受客观条件限制,路堤高度无法达到限制路堤高度要求时,需要加强路基排水设计,布设完善的路基排水系统,保证排水管网畅通。

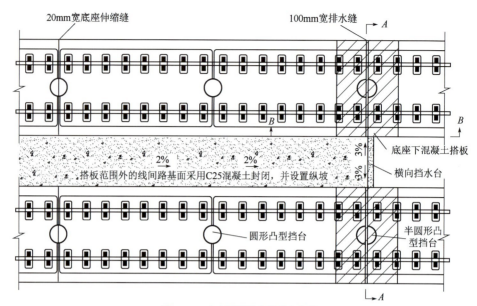

图 7-25　底座板间排水通道示意图

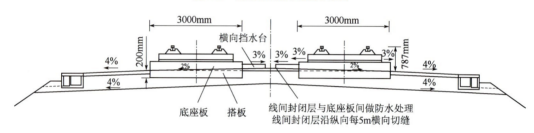

图 7-26　A-A 剖面图

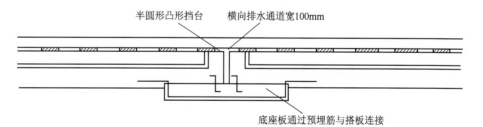

图 7-27　B-B 剖面图

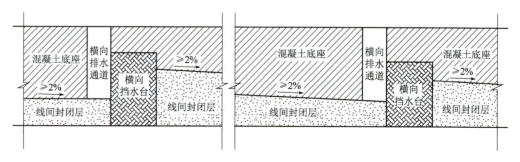

图 7-28　线间挡水台示意图

(3) 电缆槽设计

采用通用图《铁路路基电缆槽》(通路 C2O1O384O1) 中的盖板式电缆槽,设置在两侧路肩上,如图 7-29 所示。

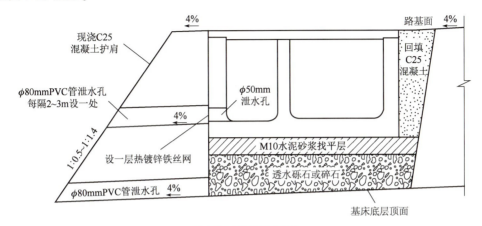

图 7-29 电缆槽示意图

7.3.3 路基冻胀变形观测

路基变形直接影响轨道平顺状态以及行车安全,通过对哈齐高速铁路的全面精细监测,掌握季节冻土路基的冻胀变形规律,为防冻胀工程措施评价提供真实可靠的数据。

1) 冻胀变形测量方案

通过在路基表面埋设监测桩,进行人工二等水准测量,监测路基高程变化。

(1) 建立线上高程监测基准网

为了满足路基变形监测的精度要求,减少线上线下高程联合测量的频率,在原有线下精密水准网的基础上,建立了新的路基变形在线监测基准网,新的基准点之间的距离应满足沿线方向小于 1km 的要求。

新设立的基准点可直接设置在路基两端的桥梁上。当路基长度超过 1km 时,可在路基中间的涵洞帽石上埋设新的基准点。每次监测前,需对水准测量精度为二等的在线水准网进行复测,并对变化点进行合理校正。

(2) 路基冻胀变形监测点布置

在基床底层表面埋设冻胀监测点,对路基冻胀变形进行监测,建立变形监测数据库,并结合地质条件和路基工程情况对监测数据进行综合分析。

沿线路方向每 50m 布设一个观测断面,路涵和路桥等过渡段增设 1~2 个断面(桥台后 1m、5m,涵洞过渡段布设在涵洞边墙外 1m)。依据哈齐高速铁路路基具体工况,人工观测断面按以下几种情况设置观测点。

无预压土路段,如图 7-30 所示,每个断面布设 3 个观测点,线路中心和底座板外边缘。

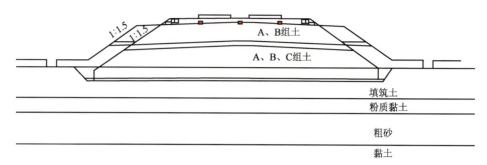

图 7-30　无堆载预压断面监测点布设图

有预压土路段,如图 7-31 所示。每个断面布设 2 个监测点,在右侧路肩以内 2.0m 设置,预压土边坡挖一个缺口,水平向 3.0m,纵向 6m。

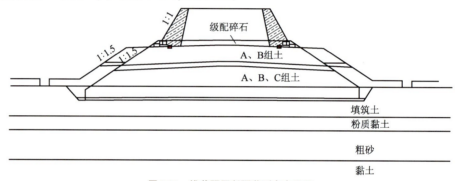

图 7-31　堆载预压断面监测点布设图

混凝土基床路段。无预压土或者已卸载路段,两侧距混凝土基床外边缘 0.5m 左右设置 2 个观测点,如图 7-32 所示。有预压土的路段不设观测点。

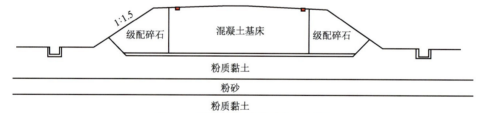

图 7-32　混凝土基床路段监测点布设图

对于路涵过渡段。涵洞跨中的顶面设置 1 个断面,可以在左右帽石上直接打标。两端的路涵过渡段分别设置 3 个断面,一般设置在边墙外 5m、10m、15m 处,如图 7-33 所示。

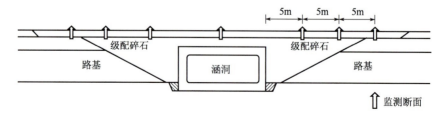

图 7-33　路涵过渡段监测断面布设图

路桥过渡段。每个过渡段在路基上设置 3 个监测断面,分别距桥台背 5m、15m、25m,如图 7-34 所示。

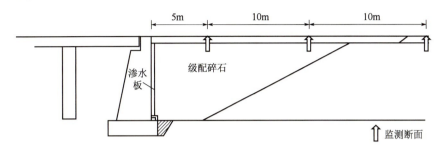

图 7-34　路桥过渡段监测断面布设图

(3) 监测精度荽观测周期

路基冻胀变形监测按三等水准测量规定执行,见表 7-3;变形监测网主要技术要求见表 7-4。根据《国家一、二等水准测量规范》(GB/T 12897—2006)等标准施测,水准测量路线起闭于线下水准基点。一般每个冬季需要观测 4～6 次,在气温骤降和上升时期加密观测周期。

变形测量等级及精度要求　　　　　　　　　　　　　　　　表 7-3

变形测量等级	垂直位移测量	
	变形观测点的高程中误差(mm)	相邻变形观测点的高程中误差(mm)
三等	±1.0	±0.5

监测网主要技术要求　　　　　　　　　　　　　　　　表 7-4

等级	相邻基准点高差中误差(mm)	每站高差中误差(mm)	往返较差、附合或环线闭合差(mm)	使用仪器、观测方法及要求
三等	1.0	0.3	0.6	DS05 型仪器,按国家二等水准测量的技术要求施测

2) 冻胀变形观测数据

在 2012—2013 年度,哈齐高速铁路具备监测条件的路基约 74km,共布设 1955 个人工冻胀观测断面,埋设监测桩 3720 个,观测点覆盖率为 75.85%,监测数据见表 7-5。

路基冻胀变形观测数据　　　　　　　　　　　　　　　　表 7-5

路基结构类型	监测点数量及比例	最大冻胀量(mm)			
		(-∞,4]	(4,8]	(8,+∞)	合计
混凝土基床	监测点数量(个)	167	9	0	176
	比例(%)	94.89	5.11	0.00	100.00
涵洞	监测点数量(个)	125	7	4	136
	比例(%)	92.17	5.22	2.61	100.00
路涵过渡段	监测点数量(个)	694	64	13	771
	比例(%)	90.00	8.30	1.70	100.00

续上表

路基结构类型	监测点数量及比例	最大冻胀量(mm)			
		(-∞,4]	(4,8]	(8,+∞)	合计
路桥过渡段	监测点数量(个)	128	12	2	142
	比例(%)	89.87	8.86	1.27	100.00
般路堤	监测点数量(个)	2115	321	59	2495
	比例(%)	84.76	12.86	2.38	100.00
合计	监测点数量(个)	3 229	413	78	3720
	比例(%)	86.80	11.10	2.10	100.00

为掌握哈齐高速铁路路基防冻胀措施效果,开展了2013—2014年度路基冻胀变形监测工作,监测段总计35.1km,共布设1027个人工冻胀观测断面,埋设监测桩2655根,与2012—2013年度冻胀变形监测结果对比情况如图7-35所示。

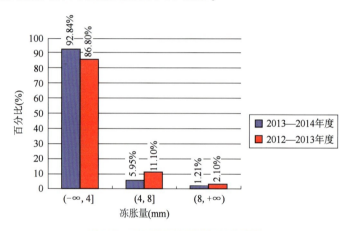

图7-35 冻胀变形监测数据对比柱状图

通过两个年度冻胀变形对比分析,路基防冻胀设计优化后,冻胀量小于4mm的监测点比例明显提高,冻胀量大于8mm的监测点比例降低,全线路基冻胀变形情况得到较好控制。

7.4 沈丹高速铁路路基防冻胀设计

7.4.1 工程概况

沈丹(沈阳至丹东)高速铁路位于辽宁省中东部沈阳市、本溪市和丹东市境内,线路经本溪、南芬、通远堡、凤凰城,正线全长205.704km。采用CRTSDI型板式无砟轨道结构,设计时速250km。正线路基共104段、总长39.928km,占线路全长19.4%。其中,无砟轨道路基101段、总长33.86km,路基挖方段长16.36km,路基填方段长23.57km。

1)气象条件及冻结深度

沿线气候属暖温带~中温带,湿润~半湿润大陆性气候,冬季时间长且寒冷,夏季时间短而温暖,雨量主要在7—8月,春秋多风。沿线主要气象要素见表7-6,根据铁路工程气候分区为寒冷~严寒地区;且1955—2012年各地气象和调查资料,沿线土壤最大冻结深度见表7-7。

沿线主要气象要素表(1971—2000年)　　　表7-6

项目	沈阳	本溪	丹东
历年极端最高气温(℃)	36.1	37.5	35.3
历年极端最低气温(℃)	-29.4	-33.6	-5.8
年平均气温(℃)	8.4	7.8	8.9
年最冷月平均气温(℃)	-11.0	-11.4	-7.4
年平均降水量(mm)	690.3	776.0	925.6
日最大降水量(mm)及发生日期(年-月-日)	215.5 1973-8-21	168.5 1981-7-20	247.5 1972-8-05
年最大积雪深度(cm)	28	60	25
年平均蒸发量(mm)	1482.2	1645.1	1298.3
年平均相对湿度(%)	63	64	69
年平均雷暴时间(d)	25.8	31.2	25.0
年平均雾时间(d)	11.1	13.6	44.7
年平均风速(m/s)	2.8	2.5	2.9
年最大风速(m/s)及风向	23.0,西南	23.0,西西北	19.7,北东北
最大风向及出现频率(次/年)	南西南,13	东,18	14
年大风时间(d)	19.1	10.1	10.5

沿线土壤最大冻结深度　　　表7-7

起止里程	土壤最大冻结深度(m)
起点~DK28+500	1.48
DK28+500~DK120+900	1.49
DK120+900~DK190+900	1.38
DK190+900~终点	1.04

2)工程地质及水文地质

(1)工程地质特征

低山丘陵区。地形起伏较大,丘陵及丘前缓坡覆盖层较薄,一般为0.0~2.0m,地下水以基岩裂隙水为主,一般埋深5~20m;丘间洼地及谷地覆盖层较厚,一般2~10m,地下水为第四系孔隙潜水及基岩裂隙水,一般埋深大于5m。下伏基岩主要岩性为砂岩、页岩、灰岩、泥灰岩、板岩、石英岩、混合岩、安山岩、花岗岩等。冲洪积平原区。地形平坦开阔,主要岩性包括黏性土、粉土、砂类土、碎石类土等,浅部透镜体状局部存在软土及松软土。沿线工程地质条件一般,软土及松软土地基需采取加固处理措施。

(2)水文地质条件

沿线地下水类型主要有孔隙水、基岩裂隙水和裂隙岩溶水。孔隙水主要存在于河谷阶地、山地盆地、冲沟和冲积平原,局部地区孔隙水受压;基岩裂隙水主要存在于各类基岩的风化带和构造裂隙中。在盆地地区,它主要是蒸发和排放的。在山区,除了蒸发和排放外,还通过地下径流或以泉水的形式暴露在地表排入流域;裂隙岩溶水主要存在于可溶性岩层中,水量较小。大气降水常沿裂隙渗透,是裂隙岩溶水的主要补给来源。地下水位随季节变化显著,局部地区面临压力。

除上述类型外,在雨季或冰雪融化时,土石界面上方往往存在临时上层滞水,软化界面附近的土层,直接影响路堑边坡的稳定性。

7.4.2 路基防冻胀设计

1)技术难点

沈丹高速铁路沿线气候寒冷,土层含水率大,冻结深度大,工程地质条件变化剧烈。在这样的气候条件下修建无砟轨道路基,其防冻胀问题是设计的重点,存在如下主要技术难点。

(1)路基填料差异大。线路经过山区地段的路基填料来源广,成分复杂、性质多样,增加了防冻胀控制难度。

(2)路基与结构物过渡频繁。沿线大部分处于低山、丘陵区,地形起伏变化较大,特别是中部地势高峻,沟谷纵横,很多路基工点属于高填深挖、长度小于60m的短路基等,路基与结构物过渡频繁,不均匀路基过渡段冻胀问题突出,对路基防冻胀处置措施提出了更高要求。

(3)山区地层富水。沿线丰富的孔隙潜水及基岩裂隙水很容易造成岩石风化、强度衰减、土石分界面软化,也会产生明显的不均匀冻胀变形。

(4)岩层破碎易风化。沿线变质岩节理裂隙发育,岩体破碎,岩体风化不均,多呈强风化~弱风化状态,导致路基基底含水率变化大。另外,破碎的岩体在冰雪融化时,常存在暂时性上层滞水,容易引起冻胀问题。

综上所述,丰富的地下水、起伏的地形以及破碎的岩体等工程地质条件,增加了沈丹高速铁路路基防冻胀控制技术的难度。

2)技术措施

基床层填筑级配碎石,基床底层填筑A、B组填料,最大冻深范围内填料细颗粒含量按防冻要考虑。

(1) 基床结构

经过防冻胀处理的级配碎石,含量不超过5%的细颗粒(<0.075mm)(水洗法),不均匀系数 Cu>15,0。0.02mm以下颗粒的质量百分比不应超过3%;粒径大于22.4mm的粗颗粒中具有破碎表面的颗粒的质量百分比不应小于30%;粒径大于1.7mm的级配碎石。颗粒的洛杉矶磨耗率不应超过30%,硫酸钠溶液的浸泡损失率不应大于6%;粒径小于0.5mm的细颗粒液限不得超过25%,塑性指数应小于6。不得含有黏土或其他杂质。

用2.3m厚的A、B组填料填充底层,填料的细颗粒(不大于0.075mm)在最大冻结深度范围内。含量要求小于5%,压实后(水洗法)含量要求小于7%,渗透系数大于$5×10^{-5}$m/s。

路堑采用路堤式基床结构形式,根据岩性和风化程度分别换填基床范围、换填冻深范围、换填基床表层、天然基床等不同深度。

(2) 路基面防排水

路基面的底座外边缘至路肩设置外向4%排水坡,线间为内向4%排水坡,并设置0.08m厚C30纤维混凝土封水层,如图7-36所示。

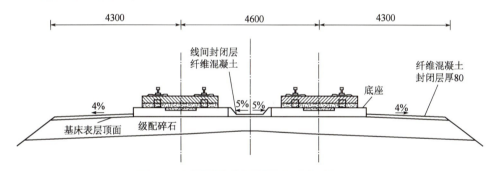

图 7-36 路基面防排水横断面示意(尺寸单位:mm)

纤维混凝土沿线路长度方向每5m设置一道横向伸缩缝,与底座板伸缩缝错缝布置,缝隙封堵处理(图7-20)。纤维混凝土与底座板间纵向缝采用相同密封处理措施,如图7-37所示。

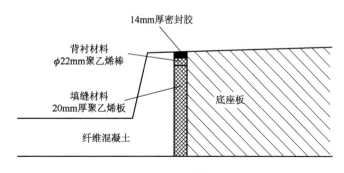

图 7-37 纵向缝封堵示意

线间排水采用横向直排方案。沿线路纵向每隔不大于 4 块轨道板的范围(约 20m),利用相邻底座板间伸缩缝设置横向排水通道,排水通道处的底座板下设置 C30 钢筋混凝土搭板,搭板表面向线路外侧设置 2% 横向排水坡,如图 7-38、图 7-39 所示。

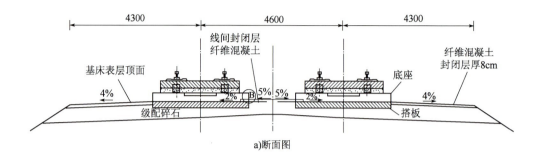

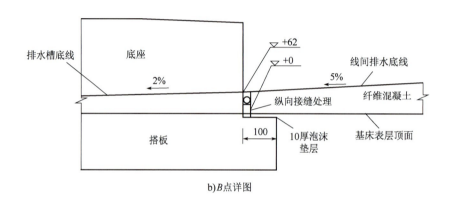

图 7-38　横向排水通道位置横断面图(尺寸单位:mm;高程单位:m)

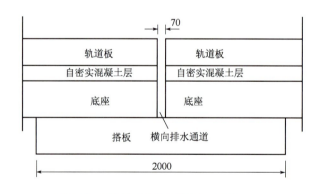

图 7-39　横向排水通道示意图(尺寸单位:mm)

(3)渗水盲沟

综合考虑地层、地形、赋水条件、勘察资料、施工开挖等情况,对于地下水位较高或者疏排条件较差的路堑路段单侧或者双侧布设渗水盲沟,累计长度 17.3km,约占挖方路段两侧长度的 45%。

渗水盲沟设置于侧沟下部,埋深不小于土壤最大冻结深度的 1.3 倍加 0.5m,如图 7-40 所示。渗沟每隔 30m 及平面转折处设置一处检查井,渗沟出口处设置保温出口,并于出口内设置集水井。

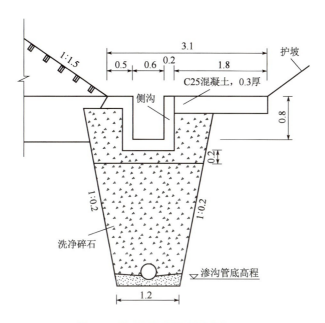

图 7-40 渗水盲沟设置(尺寸单位:m)

(4) 混凝土基床

针对短路基(一般按照 60m)及排水困难路段布设混凝土基床长度 3408m,约占全线路基长度的 10%。基床采用 C35 混凝土填筑,厚度大于土壤最大冻结深度 +0.25m,基床两侧填筑 A、B 组土,如图 7-41 所示。

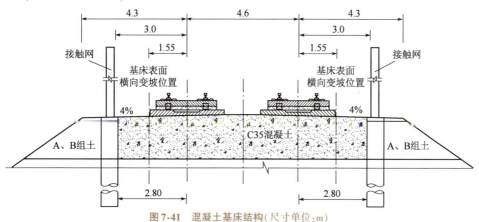

图 7-41 混凝土基床结构(尺寸单位:m)

(5) 硬质岩路堑基床

硬质岩路堑基床路段,路基面布设 0.2m 厚 C35 素混凝土封闭层。混凝土浇筑前用高压水冲洗硬质岩路堑表面。

7.4.3 路基变形观测

1）2012—2013 年度观测数据

(1) 路基总体情况

2012—2013 年,共布设 107 个人工观测断面,进行了 7 次观测,如图 7-42 所示。其中,第 4 次观测(2013 年 2 月 28 日—2013 年 3 月 2 日)的冻胀变形达到最大值,冻胀变形量大于 4mm 的监测断面数占全部监测断面数的 43.5%,大于 10mm 的有 13.1%,大于 20mm 的只有 1 处,占 1%,见表 7-8。

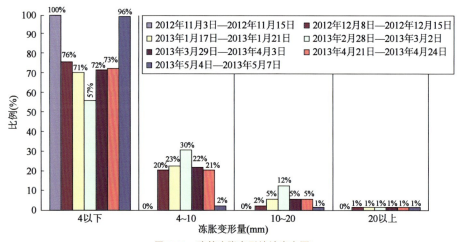

图 7-42　路基冻胀变形统计直方图

路基冻胀变形统计表　　　　表 7-8

观测次	统计项	冻胀变形量				
		4mm 以下	4~10mm	10~20mm	20mm 以上	合计
第 4 次	比例(%)	56.5	30.4	12.0	1.1	100.0
	断面数量(个)	52	28	11	1	92

图 7-43 和图 7-44 所示为第 4 次观测路堤、路堑段冻胀变形统计图。其中,路堤段冻胀变形大于 4mm 的断面数占其总断面数的比例为 25%,路堑比例为 52%,路堑段明显大于路堤段;冻胀变形大于 10mm 的比例,路堑段为 15%,也大于路堤段的 11%。

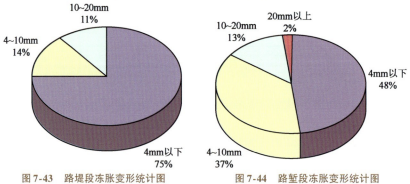

图 7-43　路堤段冻胀变形统计图　　　图 7-44　路堑段冻胀变形统计图

(2)过渡段路基

过渡段路基冻胀变形统计见表 7-9 和统计直方图如图 7-45 所示,冻胀变形量大于 4mm 监测断面数量占全部监测断面数量的 42.1%,与路基总体冻胀变形(43.5%)情况差别不大。

过渡段路基冻胀变形统计表　　　　　　　　　　　　　　　表 7-9

观测次	统计项	冻胀变形量				
		4mm 以下	4~10mm	10~20mm	20mm 以上	合计
第 4 次	比例(%)	57.9	39.5	2.6	0.0	100
	断面数量(个)	22	15	1	0	38

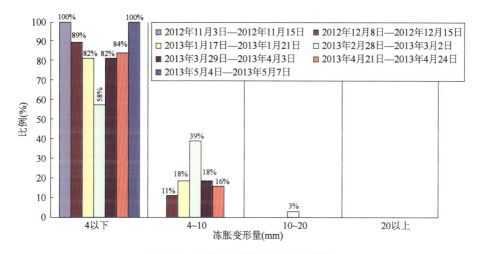

图 7-45　过渡段路基冻胀变形统计直方图

根据第 4 次观测数据统计,路堤过渡段冻胀变形大于 4mm 断面数占其总断面数 41%,路堑过渡段 42%,如图 7-46 和图 7-47 所示,路堑段与路堤段相差不大;路涵过渡段冻胀变形大于 4mm 断面数占其总断面数 9%,路桥过渡段 56%,路桥过渡段明显大于路涵过渡段,如图 7-48 和图 7-49 所示。

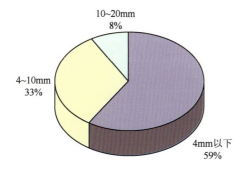 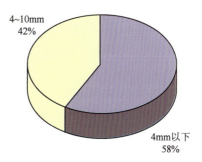

图 7-46　路堤过渡段冻胀变形统计图　　图 7-47　路堑过渡段监测冻胀变形统计图

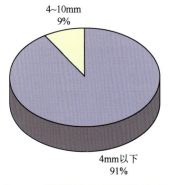
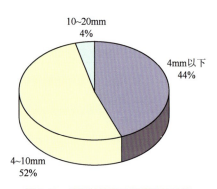

图 7-48 路涵过渡段冻胀变形统计图　　图 7-49 路桥过渡段冻胀变形统计图

(3) 非过渡段路基

非过渡段路基冻胀变形统计见表 7-10，统计直方图如图 7-50 所示，冻胀变形量大于 4mm 的监测断面数占全部监测断面数的 44.4%，与过渡段路基(42.1%)、路基总体情况(43.5%)差别不大。

非过渡段路基冻胀变形统计表　　表 7-10

观测次数	统计项	冻胀变形量				合计
		4mm 以下	4～10mm	10～20mm	20mm 以上	
第 4 次	比例(%)	55.6	24.1	18.5	1.9	100
	断面数量(个)	30	13	10	1	54

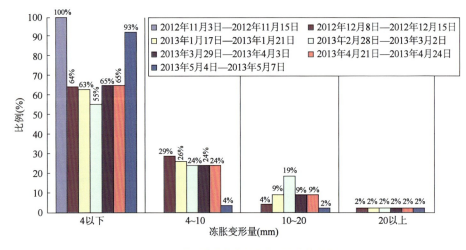

图 7-50 非过渡段路基冻胀变形统计直方图

根据第 4 次观测数据统计，非过渡段路堤冻胀变形大于 4mm 的断面数占其总断面数的 12%，非过渡段路堑为 58%，路堑段明显大于路堤段，如图 7-51 和图 7-52 所示。

2) 2013—2014 年度数据

在 2012—2013 年度监测的基础上，2013—2014 年度增加了对混凝土基床路基、基床表层填筑完成后路基、增设渗水盲沟路段路基的冻胀变形情况监测。

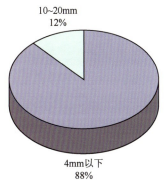

图 7-51 非过渡段路堤冻胀变形统计图　　图 7-52 非过渡段路堑冻胀变形统计图

(1) 混凝土基床路基

DK33+875~DK34+158、DK41+330~DK41+380、DK42+430~DK42+490 三段路基为混凝土基床结构,人工监测结果统计如图 7-53 所示。混凝土基床路基的冻胀变形小于 4mm 的占全部监测断面数的 90%,4~8mm 的占 10%,最大值为 5.97mm,均在 8mm 以下,冻胀控制情况良好。

(2) 完成基床表层填筑的路基

完成了基床表层级配碎石填筑的 DK36+932~DK37+294 段路基,冻胀变形量测数据统计如图 7-54 所示。最大变形量为 4.89mm(上一年度 12.62mm),冻胀变形量小于 4mm 的占全部测试断面数的 96.1%,4~8mm 的占 3.9%。同路段路基与上一年度对比情况如图 7-55 所示。

由图可知,本年度同路段路基的冻胀变形监测值无大于 8mm 的测点,上年同期的冻胀变形监测值大于 8mm 的比例为 29.6%。表明基床表层填筑级配碎石层有一定的防冻胀作用。

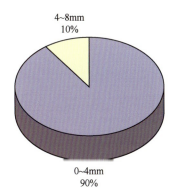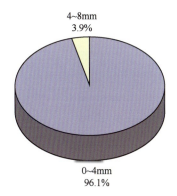

图 7-53 混凝土基床路基冻胀变形统计图　图 7-54 冻胀监测前基床表层已填筑地段冻胀变形情况统计图

(3) 增设渗水盲沟措施

对上一年度冻胀变形较大的 DK34+170~DK34+247 段路基,增设了渗水盲沟、并完成了基床表层级配碎石填筑,冻胀变形观测数据统计如图 7-56 所示。路基最大变形量只有 4.55mm(上一年度 37.33mm),冻胀变形小于 4mm 的占全部监测断面的 66.7%,4~8mm 的占 33.3%,与上一年度对比如图 7-57 所示。

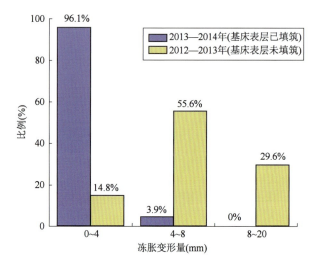

图 7-55　完成基床表层填筑的路基冻胀变形比较图

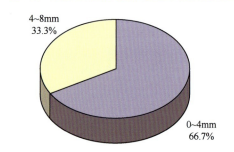

图 7-56　增设渗水盲沟措施路基冻胀变形统计图

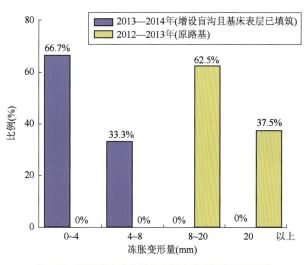

图 7-57　增设渗水盲沟措施路段基冻胀变形比较图

可知,本年度同路段路基的冻胀变形监测值无大于 8mm 的测点,上年同期的冻胀变形监测值均大于 8mm,表明增设渗水盲沟有良好的防冻胀作用。

参 考 文 献

［1］ 平野卫,邹振民. 修建京沪高速铁路的意义［J］. 中国铁路,2001(3):38-40.

［2］ 卢乃宽. 世界高速铁路建设发展趋势［J］. 中国铁路,2000(3):19-24.

［3］ 赵年全. 高速铁路路基填料生产及控制技术［J］. 路基工程,2009(6):190-191.

［4］ 周幼吾,郭东信,程国栋,等. 中国冻土［M］. 北京:科学出版社,2000.

［5］ 徐𩓜祖,王家澄,张立新. 冻土物理学［M］. 北京:科学出版社,2010.

［6］ 钟敏辉,王少斌. 季节性冻土路基冻胀性分析及治理措施［J］. 铁道建筑,2009(4):96-98.

［7］ 霍凯成,黄继业,罗国荣. 路基冻胀机制及冻害防范整治措施探讨［J］. 岩石力学与工程学报,2002(7):1099-1103.

［8］ 国家铁路局. 高速铁路设计规范:TB 10621—2014)［S］. 北京:中国铁道出版社,2015.

［9］ 周神根,等. 高速铁路路基设计技术条件研究［C］∥铁科院铁建所. 国家"八五"科技攻关项目:高速铁路线桥隧设计参数选择的研究(研究报告之六). 北京:1995.

［10］ 李向群. 吉林省公路冻害原因分析及处理方法研究［D］. 长春:吉林大学,2006.

［11］ 马祖罗夫. 冻土物理力学性质［M］. 梁惠生,伍期建,译. 北京:煤炭工业出版社,1980.

［12］ BESKOW G. Soil freezing and frost heaving with special application to roads and railroads［J］. Swedish Geol Survey Year-book,1935,26(3):375-380.

［13］ EVERETT D H. The thermodynamics of frost damage to Porous solids［J］. Transactions Faraday Society,1961,57:1541-1551.

［14］ MILLER R D. Freezing and heaving of saturated and unsaturated soils［J］. Highway Research Record,1972(393):1-11.

［15］ 李萍,徐学祖,陈峰峰. 冻结缘和冻胀模型的研究现状与进展［J］. 冰川冻土,2000(1):90-95.

［16］ 柯洁铭,杨平. 冻土冻胀融沉的研究进展［J］. 南京林业大学学报(自然科学版),2004(4):105-108.

［17］ 中国科学院兰州冰川冻土研究所. 冻土的温度水分应力及其相互作用［M］. 兰州:兰州大学出版社,1989.

［18］ SHENG D Thermodynamics of freezing soils［D］. Sweden:Lulea University Press,1994.

［19］ 徐学祖,何平,张健明. 土体冻结和冻胀研究的新进展:国际地层冻结和冻结作用研讨会论文综述［J］. 冰川冻土,1997(3):90-93.

［20］ 程国栋. 冻土力学与工程的国际研究新进展:2000年国际地层冻结和土冻结作用会议综述［J］. 地球科学进展,2001(3):293-299.

[21] 程国栋,马巍. 国际冻土工程研究进展:第五届冻土工程国际学术讨论会综述[J]. 冰川冻土,2003(3):303-308.

[22] 赵安平. 季冻区路基土冻胀的微观机理研究[D]. 长春:吉林大学,2008.

[23] 黄小铭. 我国寒区道路工程中冻土问题研究的回顾[J]. 冰川冻土,1988(3):344-351.

[24] 中国科学院兰州冰川冻土研究所. 兰州冰川冻土研究所集刊[M]. 北京:科学出版社,1981.

[25] 程国栋,童伯良. 保护冻土原则与气温长期波动[C]//中国科学院兰州冰川冻土研究所. 青藏冻土研究论文集. 北京:科学出版社,1983.

[26] 王正秋. 细砂土冻胀分类[C]//中国科学院兰州冻土研究所. 第二届全国冻土学术会议论文选集. 兰州:甘肃人民出版社,1983:218-222.

[27] 朱强,付思宁,武福学,等. 论季节冻土的冻胀沿冻深分布[J]. 冰川冻土,1988(1):1-7.

[28] 陈肖柏,王雅卿,何平. 砂砾料之冻胀敏感性[J]. 岩土工程学报,1988(3):23-29.

[29] 中国科学院兰州冰川冻土研究所,水利部西北水利科学研究所. 冻土的温度水分应力及其相互作用[M]. 兰州:兰州大学出版社,1989.

[30] 李述训,程国栋. 多年冻土的形成演化过程分析及近似计算[J]. 冰川冻土,1996(S1):197-205.

[31] 李述训,南卓铜,赵林. 冻融作用对系统与环境间能量交换的影响[J]. 冰川冻土,2002(2):109-115.

[32] 李述训,南卓铜,赵林. 冻融作用对地气系统能量交换的影响分析[J]. 冰川冻土,2002(5):506-511.

[33] 何平,程国栋,俞祁浩,等. 饱和正冻土中的水、热、力场耦合模型[J]. 冰川冻土,2000(2):135-138.

[34] 郑秀清,樊贵盛,赵生义. 水分在季节性冻土中的运动[J]. 太原理工大学学报,1998(1):64-68.

[35] 徐学祖. 冻土分类现状及建议[J]. 冰川冻土,1994(3):193-201.

[36] 戴惠民,陈肖柏. 季冻区公路路基土冻胀性的研究[J]. 中国公路学报,1994(2):1-8.

[37] 毛雪松. 多年冻土地区路基水热力场耦合效应研究[D]. 西安:长安大学,2004.

[38] 原国红. 季节冻土水分迁移的机理及数值模拟[D]. 长春:吉林大学,2006.

[39] 叶阳升,王仲锦,程爱君,等. 路基的填料冻胀分类及防冻层设置[J]. 中国铁道科学,2007,01:1-7.

[40] 杨保存,邱林,汪为巍,等. 盐渍土路基盐—冻胀变形试验研究[J]. 公路,2009(12):63-69.

[41] 郭彦荣,杨有海,曾龙广. 兰新铁路路基土冻胀特性试验研究[J]. 路基工程,2010(2):149-151.

[42] 李洪升,王悦东,刘增利. 寒冷地区路基冻胀的计算模型和方法研究[J]. 铁道科学与工程学报,2011(1):34-38.

[43] 王书娟,陈志国,秦卫军,等. 季节性冰冻地区路基冻胀机理分析[J]. 公路交通科技,2012(7):20-24,44.

[44] 盛岱超,张升,李希. 高速列车与路基冻胀相互作用机理[J]. 岩土工程学报,2013(12):2186-2191.

[45] 尹传军. 季冻区路基土冻胀特性及评价指标体系研究[D]. 哈尔滨:东北林业大学,2014.

[46] 董长江. 涂料法防冻胀的效果.[C]//中国科学院兰州冰川冻土研究所. 青藏冻土研究论文集. 北京:科学出版社,1983.

[47] 董长江. 基础的冻胀力.[C]//中国科学院兰州冰川冻土研究所. 中国地理学会冰川冻土学术会议论文选集(冻土学). 北京:科学出版社,1982.

[48] 董长江. 土的切向冻胀力及其分类[C]//中国科学院兰州冰川冻土研究所. 青藏冻土研究论文集. 北京:科学出版社,1983.

[49] 周萌,宫全美,王炳龙,等. 路基不均匀沉降值对板式轨道动力响应的影响[J]. 铁道标准设计,2010,10:1-4.

[50] 施烨辉. 列车荷载和冻融循环作用下冻土路基稳定性研究[D]. 北京:北京交通大学,2011.

[51] 朱占元. 青藏铁路列车行驶多年冻土场地路基振动反应与振陷预测[D]. 哈尔滨:哈尔滨工业大学,2009.

[52] 于洋. 冻土路基列车行驶振动反应研究[D]. 哈尔滨:哈尔滨工业大学,2006.

[53] 马巍. 青藏铁路建设中冻土区岩土工程问题[C]// 中国土木工程学会. 中国土木工程学会第九届土力学及岩土工程学术会议论文集(上册). 中国土木工程学会,2003:8.

[54] 郭庆国. 粗粒土的工程特性及应用[M]. 郑州:黄河水利出版社,1998.

[55] 郭庆国. 关于粗粒土工程特性及其分类的探讨[J]. 水利水电技术,1979,06:53-57.

[56] 王龙,马松林,徐德兴,等. 土石混合料的结构分类[J]. 哈尔滨建筑大学学报,2000(6):129-132.

[57] VALLEJO L, E MAWBY R. Porosity influence on the shength of granular material-clay mixtures[J]. Engineering Geology, 2000,58(2):125-136.

[58] ZHAO H F. ZHANG L M. Effect of coarse content on the shength of granturated coarse granular soils[J]. Canadian Geotechnical Journal, 2013:1-46.

[59] 陈肖柏,刘建坤,刘鸿绪. 土的冻结作用与地基[M]. 北京:科学出版社,2011.

[60] TESTER R, GASKIN P. Effect of fines content on the frost susceptibility of a crushed limestone[J]. Canadian Geotechnical Journal,1996,33(4):678-680.

[61] EIGENBROD K D. Effects of cyclic freezing and thawing on volumechanges and permeability of soft fine-grained soils[J]. Canadian Geotechnical Journal, 1996,33(4):529-537.

[62] 马周全. 不同粉粘土颗粒含量下道床的冻胀特性研究[J]. 兰州交通大学学报,2013(3):4-7.

[63] BILODEAU J, DORE P G, PIERRE P. Gradation influence on frost susceptibilityof base granular materials[J]. International Journal of Pavement Engineering, 2008,9(6):397-411.

[64] VINSON T S, AHMAD F, RIEKE R. Factors important to the development offrost heave susceptibility criteria for coarse-grainedsoils[M]//Transportation Research Board N1089. Washington, DC: Transportation Research Board, 1986:124-131.

[65] KONRAD J M. Freezing-induced water migration in compacted base-course material[J]. Canadian Geotechnical Journal, 2008,45(7):895-909.

[66] KONRAD J M, LEMIEUX N. Influence of fines on frost heave characteristics of a well-graded base-course material[J]. Canadian Geotechnical Journal, 2005,42(2):515-527.

[67] 李安原,牛永红,牛富俊,等. 粗颗粒土冻胀特性和防治措施研究现状[J]. 冰川冻土,2015(1):202-210.

[68] CHAMBERLAIN E J. Frost heave of saline soils[C]//Proceedings of the 4th International Conference on Permafrost, Fairbanks, Alaska, 1983:121-126.

[69] RIEKE R, VINSON T S, MAGEAU D W. The role of specific surfacearea and related index properties in the frost heave susceptibility of soils[C]//Proceedings of the 4th International Conference on Permafrost, Fairbanks, Alaska,1983:1066-1071.

[70] VIKLANDER P. Laboratory study of stone heave in till exposed to freezing and thawing[J]. Cold Regions Science and Technology, 1998,27(2):141-152.

[71] 王天亮,岳祖润. 细粒含量对粗粒土冻胀特性影响的试验研究[J]. 岩土力学,2013(2):359-364,388.

[72] 于琳琳,徐学燕,李鹏飞,等. 堆石坝垫层材料的冻胀性能[J]. 建筑材料学报,2010(3):347-351.

[73] 丁兆民,张莎莎,杨晓华. 粗颗粒盐渍土路用填料可用性指标研究[J]. 冰川冻土,2008(4):623-631.

[74] JONWA R H, LOMAS K J. The frost susceptibility of granular materials[C]//Proceedings of the 4th International Conference on Permafrost, Fairbanks, Alaska,1983:17-22.

[75] FOURIE W J, BARNES D L, SHUR Y. The formation of ice from the infiltration of water into a frozen coarse grained soil[J]. Cold Regions Science and Technology, 2007(48):118-128.

[76] ISHIKAWA T, TOKORO T. Influence of freeze-thaw action on deformationstrength character-

istics and particle crushability of volcaniccoarse-grained soils[J]. Soils and Foundation, 2011,51(5):785-799.

[77] KOMROV V D. On permeability of frozen soils to water[M]// TSYTOVICH N A. Laboratory investigations of frozen soils. Moscow: USSR Academy of Sciences, 1957: 142-149.

[78] OLOVIN B A. Permeability of perennially frozen soils[M]. Novosibirsk, Russia: Nauka, 1993:256.

[79] 常晓丽,金会军,何瑞霞,等.大兴安岭北部多年冻土监测进展[J].冰川冻土,2013(1):93-100.

[80] 聂志红,刘源,王翔.客运专线基床表层级配碎石冻胀影响因素的试验研究[J].铁道科学与工程学报,2013(4):59-62.

[81] 张以晨,李欣,张喜发,等.季冻区公路路基粗粒土的冻胀敏感性及分类研究[J].岩土工程学报,2007(10):1522-1526.

[82] 姜龙,王连俊,张喜发.季冻区公路路基砂类土冻胀分类研究[J].工程地质学报,2007(5):639-645.

[83] 李安原,牛永红,牛富俊,等.粗颗粒土冻胀特性和防治措施研究现状[J].冰川冻土,2015,01:202-210.

[84] 徐伯孟,卢兴良.粘性土水分状况对冻胀的影响[J].冰川冻土,1986(3):217-222.

[85] 陈金桩.关于起始冻胀含水量的讨论[J].冰川冻土,1986(3):223-226.

[86] 令锋,吴紫汪.渗流对多年冻土区路基温度场影响的数值模拟[J].冰川冻土,1999(2):115-119.

[87] 陈肖柏,姜平,王雅卿,等.用砂砾(卵)石换填粘性土防治冻胀[J].科学通报,1979(20):935-939.

[88] 汪双杰,章金钊,路勋,等.青藏公路沿线多年冻土分布及影响因素分析[C]//中国公路学会道路工程分会.2004年道路工程学术交流会论文集.中国公路学会道路工程分会,2004:7.

[89] 赵洪勇,闫宏业,张千里,等.季节性冻土区路基基床粗颗粒土填料冻胀特性研究[J].铁道建筑,2014(7):92-94.

[90] 陶兆祥,张景森.大含水(冰)量融冻土导热系数的测定研究[J].冰川冻土,1983(2):75-80.

[91] 姜洪举,程恩远.荷载对地基土冻胀的影响[J].冰川冻土,1990(1):41-47.

[92] 童长江,俞崇云.超载压力对浅基础冻胀的影响[J].冰川冻土,1990(3):193-199.

[93] 邓友生,徐学祖.非饱和土与饱和冻融土导湿系数的变化特征[J].冰川冻土,1991,01:51-59.

[94] 黄静山.冻胀工程测量研究[J].冰川冻土,1993(3):506-510.

[95] 彭万巍.不同掺合料砂砾石的冻胀实验研究[J].冰川冻土,1988(1):22-27.
[96] 吴镇,岳祖润,王天亮.哈齐客专细圆砾土冻结温度测试分析[J].石家庄铁道大学学报(自然科学版),2013(1):37-40.
[97] 刘华,牛富俊,牛永红,等.季节性冻土区高速铁路路基填料及防冻层设置研究[J].岩石力学与工程学报,2011(12):2549-2557.
[98] 田亚护,刘建坤,彭丽云.动、静荷载作用下细粒土的冻胀特性实验研究[J].岩土工程学报,2010(12):1882-1887.
[99] 孔祥兵,赵淑萍,穆彦虎,等.列车荷载作用下冻土路基中的动应力计算研究[J].冰川冻土,2013(6):1490-1498.
[100] 黄志军,赖远明,李双洋,等.交通荷载作用下冻土路基动力响应分析[J].冰川冻土,2012(2):418-426.
[101] 钟敏辉,王少斌.季节性冻土路基冻胀性分析及治理措施[J].铁道建筑,2009(4):96-98.
[102] 王仲锦,张千里,叶阳升.铁路路基填料分类深化研究[J].中国铁道科学,2012(2):13-20.
[103] 薛宝科.青藏高速铁路多年冻土地区路基工程技术问题探讨[J].铁道建筑技术,2012(4):84-88.
[104] 马卫东,李成.青藏铁路冻土区路基工程技术措施的探讨[J].铁道标准设计,2004(11):17-20.
[105] 李瑞杰.青藏铁路多年冻土的分析与路基防护技术[J].路基工程,2008(3):180-181.
[106] 周有才.中粗砂换填地基的防冻害效果[J].冰川冻土,1986(3):227-232.
[107] 辛平.国道213线合作——郎木寺段改建工程路基处理技术[J].冰川冻土,2005(3):449-453.
[108] 康军,喻文兵,郭明,等.甘肃道路冰锥病害及防治技术[J].冰川冻土,2006(4):602-606.
[109] 戴惠民,高伟,王兴隆,等.季冻区公路基垫层材料与路基强度变化规律探讨[J].东北公路,2000(4):40-45.
[110] 杨猛,程国忠,王彦庆,等.季冻区白色路面基垫层结构的设置及其稳定性[J].黑龙江交通科技,1996(3):4-7,11.
[111] 吴紫汪,朱林楠,郭兴民,等.青康公路多年冻土区路堤的临界高度[J].冰川冻土,1998(1):37-42.
[112] 赵安平,王清,李杨.季节冻土区路基土粒度成分的分形特征[J].吉林大学学报(地球科学版),2006(4):583-587,667.
[113] 谷宪明,王海波,梁世忠,等.路基土的微观结构及其对冻胀翻浆的影响[J].公路交通

科技,2006(12):62-65.

[114] 李杨. 季节冻土水分迁移模型研究[D]. 长春:吉林大学,2008.

[115] 朱明,宋珲,钟卫. 季冻地区路基中的水分迁移机理及处理措施[J]. 路基工程,2007(1):63-64.

[116] 钟卫,朱明,宋珲. 正交试验设计在季节性冻土路基试验中的应用[J]. 路基工程,2007(1):29-30.

[117] 钟卫,朱明,袁文忠. 高原季节性冻土路基处治的现场试验方案研究[J]. 路基工程,2007(1):59-60.

[118] 朱明,宋珲,钟卫. 季冻地区路基中的水分迁移机理及处理措施[J]. 路基工程,2007(1):63-64.

[119] 王蕴,袁文忠,孔令奇. 季节性冻土地区路基冻胀翻浆浅析[J]. 四川建筑,2008(2):79-81.

[120] 孔令奇,袁文忠,王蕴. 季节性冻土路基翻浆数值模拟[J]. 四川建筑,2008(3):70-71,74.

[121] 陆鹿. 季节性冰冻地区水泥混凝土道路冻深研究[D]. 西安:长安大学,2010.

[122] 王小艳. 路基不均匀变形对水泥混凝土路面结构的影响研究[D]. 西安:长安大学,2011.

[123] 雒妞丽. 路基湿度状况调查及排水试验研究[D]. 西安:长安大学,2011.

[124] 雒妞丽,毛雪松. 湿度对青藏公路多年冻土路基稳定性的影响[J]. 路基工程,2011(6):5-7,11.

[125] ISHIKAWA T, MIURA S. Goa, India numerical mumerical modeling for mechanical behavior of granular materials subjected to freeze-thaw action with DEM[J]. Journal of Applied Mechanics,2006(9):641-648.

[126] MITCHELL J K, SOGA K. Fundamentals of soil behavior (3rd)[M]. New York: Wiley,2005.

[127] FREDLUND D G, RAHARDJO H. Soil mechanics for unsaturated soils[M]. John Wiley & Sons,1993.

[128] 杨三强,刘涛,马淑红,等. 干旱荒漠区路面覆盖效应评价指标与评价模型研究[J]. 干旱区资源与环境,2013,27(5):76-82.

[129] 李强,姚仰平,韩黎明,等. 土体的"锅盖效应"[J]. 工业建筑,2014,44(2):69-71.

[130] 王铁行,李宁,谢定义. 非饱和黄土重力势、基质势和温度势探讨[J]. 岩土工程学报,2004,26(5):715-718.

[131] 刘小平. 非饱和土路基水作用机理及其迁移特性研究[D]. 长沙:湖南大学,2008.

[132] DAWSON A. Water in road structures:movement, drainage and effects[M]. Berlin Heidel-

berg: Springer, 2009.

[133] 苏联科学院西伯利亚分院冻土研究所. 普速冻土学[M]. 北京:科学出版社, 1988.

[134] 赵阳升, 冯增朝, 万志军. 岩体动力破坏的最小能量原理[J]. 岩石力学与工程学报, 2003, 22(11):1781-1783.

[135] 王红, 袁鸿, 夏晓舟. 基于最小能耗原理的塑性应变流动法则[J]. 上海大学学报, 2012, 18(4):390-395.

[136] 叶阳升, 王仲锦, 程爱君, 等. 路基的填料冻胀分类及防冻层设置[J]. 中国铁道科学, 2007(1):1-7.

[137] 王仲锦, 张千里, 叶阳升. 铁路路基填料分类深化研究[J]. 中国铁道科学, 2012(2):13-20.

[138] 罗强, 魏永幸. 高速铁路路基[M]. 北京:中国铁道出版社有限公司, 2021.